Aktuelle und klassische Sozial- und Kulturwissenschaftler|innen

Reihe herausgegeben von
S. Moebius, Graz, Österreich

Die von Stephan Moebius herausgegebene Reihe zu Kultur- und Sozialwissenschaftlerinnen der Gegenwart ist für all jene verfasst, die sich über gegenwärtig diskutierte und herausragende Autorinnen und Autoren auf den Gebieten der Kultur- und Sozialwissenschaften kompetent informieren möchten. Die einzelnen Bände dienen der Einführung und besseren Orientierung in das aktuelle, sich rasch wandelnde und immer unübersichtlicher werdende Feld der Kultur- und Sozialwissenschaften. Verständlich geschrieben, übersichtlich gestaltet – für Leserinnen und Leser, die auf dem neusten Stand bleiben möchten.

Weitere Bände in der Reihe http://www.springer.com/series/12187

Klaus Lichtblau

Zur Aktualität von Georg Simmel

Einführung in sein Werk

2., neu bearbeitete und erweiterte Auflage

Mit einem Vorwort von Stephan Moebius

Klaus Lichtblau
Jever, Deutschland

ISSN 2625-9389   ISSN 2625-9397 (electronic)
Aktuelle und klassische Sozial- und Kulturwissenschaftler|innen
ISBN 978-3-658-22715-9   ISBN 978-3-658-22716-6 (eBook)
https://doi.org/10.1007/978-3-658-22716-6

Die Deutsche Nationalbibliothek verzeichnet diese Publikation in der Deutschen Nationalbibliografie; detaillierte bibliografische Daten sind im Internet über http://dnb.d-nb.de abrufbar.

Springer VS
© Springer Fachmedien Wiesbaden GmbH, ein Teil von Springer Nature 2019
1. Aufl.: © Campus Verlag 1997
Das Werk einschließlich aller seiner Teile ist urheberrechtlich geschützt. Jede Verwertung, die nicht ausdrücklich vom Urheberrechtsgesetz zugelassen ist, bedarf der vorherigen Zustimmung des Verlags. Das gilt insbesondere für Vervielfältigungen, Bearbeitungen, Übersetzungen, Mikroverfilmungen und die Einspeicherung und Verarbeitung in elektronischen Systemen.
Die Wiedergabe von Gebrauchsnamen, Handelsnamen, Warenbezeichnungen usw. in diesem Werk berechtigt auch ohne besondere Kennzeichnung nicht zu der Annahme, dass solche Namen im Sinne der Warenzeichen- und Markenschutz-Gesetzgebung als frei zu betrachten wären und daher von jedermann benutzt werden dürften.
Der Verlag, die Autoren und die Herausgeber gehen davon aus, dass die Angaben und Informationen in diesem Werk zum Zeitpunkt der Veröffentlichung vollständig und korrekt sind. Weder der Verlag noch die Autoren oder die Herausgeber übernehmen, ausdrücklich oder implizit, Gewähr für den Inhalt des Werkes, etwaige Fehler oder Äußerungen. Der Verlag bleibt im Hinblick auf geografische Zuordnungen und Gebietsbezeichnungen in veröffentlichten Karten und Institutionsadressen neutral.

Coverbild: @ UB der HU zu Berlin, Porträtsammlung: Georg Simmel

Springer VS ist ein Imprint der eingetragenen Gesellschaft Springer Fachmedien Wiesbaden GmbH und ist ein Teil von Springer Nature
Die Anschrift der Gesellschaft ist: Abraham-Lincoln-Str. 46, 65189 Wiesbaden, Germany

Die Dialektik von Klassik und Moderne
Vorwort

Stephan Moebius

Als Herausgeber der Reihe *Aktuelle und klassische Sozial- und Kulturwissenschaftler_innen* ist es mir eine große Freude, Klaus Lichtblaus Buch über Georg Simmel mit einem Vorwort eröffnen zu dürfen. Nun könnte man im Erscheinungsjahr 2018 schnell auf den Gedanken kommen, das Buch verdanke sich allein dem 100-jährigen Todestag von Simmel und ist ein weiteres der seit einigen Jahren in Mode gekommenen Jubiläumsbücher im kulturindustriellen Getriebe. Dem ist aber aus mehreren Gründen nicht so.

Bei dem vorliegenden Buch handelt es sich um eine aktualisierte und erweiterte Fassung der 1997 im Campus-Verlag publizierten Einführung zu Georg Simmel. Ralf Konersmann rühmte sie in der *Frankfurter Allgemeinen Zeitung* damals als „kluge und wohlinformierte Einführung"[1], die vielfach neue Perspektiven auf Simmel eröffne, ja Simmel überhaupt erst wieder als Zeitgenossen präsentiere. Und in der Tat gelingt es Lichtblau meisterhaft, Simmel nicht nur als „Anreger", „Stichwortgeber" oder „Übergangserscheinung" vorzustellen, sondern seine „kulturtheoretische Tiefenschärfe" (siehe Kapitel 1), Originalität und (Post-)Modernität en detail herauszuarbeiten. Das beginnt bereits im einleitenden Kapitel, in dem Lichtblau die Probleme bzw. Problemwahrnehmungen der „kulturellen Blütezeit der Moderne" seit 1890 als Ausgangspunkt nimmt und Simmels Soziologie, Kulturphilosophie und Ästhetik kenntnisreich auf die zeitgenössischen gesellschaftlichen Verhältnisse, Erfahrungen und deren heterogenen Diskursivierungen bezieht. Es war für mich, seit ich Mitte der 1990er Jahre Bücher und Texte von Klaus Lichtblau zu lesen begann, stets besonders eindrucksvoll, mit welcher Fachkenntnis, Genauigkeit und Stilsicherheit er es vermag, die historischen Kontexte, fächerübergreifenden Bezugsfelder und Prägungen der soziologischen Klassiker zu entfalten und diese

---

1 Ralf Konersmann: „Blicke ins Schaufenster", *Frankfurter Allgemeine Zeitung*, 05.09.1997, Nr. 206, S. 47.

mit einer gründlichen Analyse ihrer Argumentationslinien zu verknüpfen. So auch in dieser Einführung.

Lichtblau kennt die kulturtheoretischen Verästelungen, sozialen Filiationen und kulturphilosophisch-ästhetischen Konstellationen um Simmel sehr genau und weiß deren Bedeutung sorgfältig-abwägend einzuschätzen. Das unterscheidet Lichtblaus Buch meines Erachtens auch von anderen Einführungen zu Georg Simmel. Ich möchte deren Wert und Arbeit nicht schmälern, aber es gelingt diesen meines Erachtens nicht, die „Physiognomie der Moderne um 1900" (Lichtblau 2017, S. 35-56), die Umbruchszeit, Ausgangskonstellationen und diskursiven Auseinandersetzungen, in denen Simmel sich befand, gleichermaßen einzufangen. Man fühlt beim Lesen von Lichtblaus Buch gleichsam die Spannungen, die Antinomien, den epochalen Bruch und die damit verbundenen Schwellenerfahrungen, mit denen die Moderne um 1900 für die Zeitgenossen einherging.

Lichtblau kann in seiner sachkundigen Einführung auf zahlreiches Material früherer Studien zurückgreifen. Ebenso spür- und erkennbar wie im vorliegenden Buch wird Simmels Erfahrungs- und Denkraum mit Bezug auf andere Klassiker der Soziologie in Lichtblaus 1996 erschienenem Buch *Kulturkrise und Soziologie um die Jahrhundertwende. Zur Genealogie der Kultursoziologie in Deutschland*, das ich jeder/jedem Leser/in unbedingt als weiterführende und ergänzende Studie empfehlen möchte. Lichtblau entfaltet dort eine detaillierte soziologiegeschichtliche Studie über die Anfänge der Soziologie in Deutschland, insbesondere über Ferdinand Tönnies, Simmel, Max Weber, Alfred Weber, Werner Sombart, Ernst Troeltsch, Georg Lukács, Max Scheler und Karl Mannheim, die ihresgleichen noch nicht gefunden hat. Es ist u. a. insbesondere Lichtblau zu verdanken, diese (kultur-)soziologischen Klassiker auf höchstem Niveau wieder in die Fachdiskussion eingebracht zu haben.[2] Für mich war die Lektüre seiner Studie jedenfalls einer der erhellenden Momente in meinem Soziologie- und Kulturwissenschaftsstudium, weil mir hier nicht nur deutlich vor Augen geführt wurde, dass soziologische Theorie, Kultursoziologie und die Fragestellungen der Klassiker als Lösungsversuche gesellschaftlicher Probleme und Herausforderungen der kulturellen Moderne anzusehen sind, sondern auch inwiefern ihre Fragestellungen, Problemlösungsversuche und Kulturkritiken noch heute von großer Aktualität sind.

---

2   Zu diesen anerkennenswerten Bemühungen zählt auch die von ihm initiierte Reihe *Klassiker der Sozialwissenschaften*, die im Verlag Springer VS erscheint, und in der er u. a. Texte von Simmel zu *Soziologische Ästhetik* (2009) herausgegeben hat (siehe https://www.springer.com/series/12284), oder seine Initiative zu *Zyklos. Jahrbuch für Theorie und Geschichte der Soziologie*. Ebenso sind hier seine Verdienste zu erwähnen, den Frankfurter Soziologen und Nationalökonomen Franz Oppenheimer wieder ins soziologische Gedächtnis gerufen zu haben.

Dies gilt eben nicht zuletzt in besonderem Maße für Simmel, dem in den 1980er Jahren erst langsam, dann forciert durch die seit Ende der 1980er Jahre erscheinende Gesamtausgabe, größere Aufmerksamkeit zuteil wurde. Für die Rezeption und Neubewertung Simmels sind aber nicht nur soziologiegeschichtliche und kultursoziologische Bemühungen ausschlaggebend gewesen. Wie Lichtblau im Schlusskapitel seines Buches ersichtlich macht, spielen auch die historischen und gesellschaftlichen Prozesse eine zentrale Rolle: Simmels „Fragmente" korrelieren mit dem gegenwärtigen „Ende der großen Erzählungen", der „Fremde" wird in Zeiten globaler Migrationsbewegungen aktueller denn je, Simmels Diagnose einer von der Geldkultur induzierten Beschleunigung ist Stichwortgeber spätmoderner Zeitdiagnosen und seine Soziologie der Sinne und Dinge eine nahezu zeitlos scheinende Kulturphänomenologie und -soziologie einer auch gegenwärtig wieder diagnostizierten Ästhetisierung des Sozialen (vgl. Simmel 2009).

Dass diese Aktualität des soziologischen Klassikers Simmel nicht zufällig ist, sondern einem allgemeineren Prinzip folgt, darauf hat Lichtblau in seiner kürzlich erschienenen Aufsatzsammlung *Zwischen Klassik und Moderne. Die Modernität der klassischen deutschen Soziologie* hingewiesen. Ähnlich wie in der Kunst lasse sich auch in der Soziologie eine „Dialektik von Klassik und Moderne" ausmachen, der zufolge ehemals moderne, innovative, neuartige oder avantgardistisch gepriesene Werke nun selbst klassisch oder „postmodern" geworden sind und zuvor als Klassiker bezeichnete Werke selbst wiederum „postmodern" erscheinen, die Postmoderne also bereits vor der Moderne anzusiedeln ist (vgl. Lichtblau 2017, S. 77; Moebius 2002). Es ist gerade Georg Simmels Theorie der Moderne, die eine solche „Theorie der Paradoxien" und des Modischen soziologisch erstmalig ausbuchstabiert und die Spannung zwischen Klassik und Moderne ausgeleuchtet hat. Und es ist dieses Spannungsverhältnis, dem sich auch Klaus Lichtblau verschrieben hat: „Denn die offensichtlich nicht zu beseitigende *Präsenz* des scheinbar ‚Vergangenen' ist kein Konstruktionsfehler der Soziologie. Vielmehr beinhaltet sie ein Spannungsverhältnis, das diese seit ihren historischen Anfängen in Bewegung hält und verhindert, dass sich die moderne Soziologie auf die Wahrnehmung des ‚Augenblicklichen' beschränkt und dabei auch in theoretischer Hinsicht einem Kult des ‚Modischen' verfällt" (Lichtblau 2017, S. 1). Doch allzu leicht vergisst man dies. Jeder Leserin und jedem Leser des vorliegenden Buches wird jedoch deutlich, dass das, was in der immer schneller wechselnden „Zeitdiagnosen" alle paar Jahre als Epochenbruch ausgerufen wird, bereits bei Simmel vorgedacht wurde, sei es Individualisierung, das Reflexiv-Werden der Moderne, Erlebnisorientierung, Beschleunigung oder Singularisierung. Es ist das große Verdienst von Klaus Lichtblau, uns diese (Post-) Modernität und Aktualität der klassischen Soziologie wieder vor Augen geführt und näher gebracht zu haben. Dafür gebührt ihm große Anerkennung. Die vorliegende Einführung kann in diesem Sinne der „Dialektik von Klassik und Moderne" gelesen werden. Ich wünsche allen Leserinnen und Lesern dabei viel Freude und Erkenntnisgewinn!

Literatur

Lichtblau, Klaus:
___1996. *Kulturkrise und Soziologie um die Jahrhundertwende. Zur Genealogie der Kultursoziologie in Deutschland*, Frankfurt am Main: Suhrkamp.
___2017. *Zwischen Klassik und Moderne. Die Modernität der klassischen deutschen Soziologie*, Wiesbaden: Springer VS.
Moebius, Stephan. 2002. *Simmel lesen. Moderne, dekonstruktive und postmoderne Lektüren der Soziologie von Georg Simmel*, Stuttgart: ibidem.
Georg Simmel. 2009. *Soziologische Ästhetik*, Wiesbaden: VS Verlag für Sozialwissenschaften.

Inhalt

1 Ein moderner Zeitphilosoph 1
2 Soziale Differenzierung und Individualisierung 11
3 Tausch und Vergesellschaftung 21
4 Der Stil des modernen Lebens 33
5 Die Tragödie der Kultur 45
6 Die kulturelle Bedeutung des Geschlechtergegensatzes 55
7 Die Eigenart des Individuellen 65
8 Das religiöse Apriori 77
9 Die Sehnsucht nach dem Absoluten 89
10 Die Zeitlosigkeit der Moderne 101
11 Simmels geistesgeschichtliche Bedeutung 111

Primärliteratur 123
Sekundärliteratur 127
Zeittafel 143

Ein moderner Zeitphilosoph

Obwohl Georg Simmel heute weltweit als ‚Gründervater' der modernen Soziologie und als einer der bedeutendsten deutschen Kulturphilosophen der Wende vom 19. zum 20. Jahrhundert anerkannt wird, ist sein Werk bereits 1918, dem Jahr seines Todes, von vielen seiner Zeitgenossen als eine ‚Übergangserscheinung' angesehen worden. Die Auffassung, dass diesem ein transitorischer Charakter zugesprochen werden müsse, kommt auch in seiner Charakterisierung als ein ‚Zeitphilosoph' zum Ausdruck.[1] Dieses ambivalente Diktum beinhaltet sowohl die Bedeutung des Auf-der-Höhe-der-Zeit-Stehens als auch das Vergängliche, das bereits durch die nächste Mode überholt zu werden droht. Das Spannungsverhältnis zwischen radikaler Neuheit einerseits und der prinzipiellen Vergänglichkeit alles Bestehenden andererseits ist aber ein Wesenszug, den Simmel nicht nur als Eigenart seines eigenen Werkes betrachtet, sondern den er als Kennzeichen der ‚modernen Zeit' ansieht. Denn diese unterscheidet sich ihm zufolge durch den Augenblickcharakter eines allein auf das Gegenwärtige bezogenen epochalen Bewusstseins von anderen historischen Zeiten. Indem Simmel die um 1900 in eine Vielzahl von heterogenen intellektuellen und künstlerischen Strömungen einmündende kulturelle Moderne wie vor ihm kein anderer zur Grundlage seines intellektuellen Schaffens macht, versucht er die Dynamik der ‚neuzeitlich bewegten Geschichte' in Gestalt eines ihr auch in formaler Hinsicht entsprechenden philosophischen, soziologischen und ästhetischen Denkens zum Ausdruck zu bringen.

Die weltanschauliche ‚Standpunktlosigkeit' und ‚Unentschiedenheit', die man Simmel später sowohl von linksradikaler als auch von ‚völkischer' Seite zum Vorwurf machen sollte, erweist sich allerdings im Zeichen einer durch die verschiedenen ‚postmodernen' Irritationen verunsicherten Moderne inzwischen wieder intellektuell fruchtbarer und anschlussfähiger als eine durch einen politisch-moralischen Impetus gekennzeichnete Parteinahme für jeweils nur eines jener zahlreichen Fragmente der Moderne, denen sich Simmel in einer fast schon liebevoll zu bezeichnenden Art und Weise ohne das Bedürfnis nach einer fundamentalistischen ‚Endlösung'

---

1   Vgl. Karl Joël, „Eine Zeitphilosophie", in: Neue Deutsche Rundschau 12 (1901), S. 812–826; ferner Georg Lukács, „Erinnerungen an Simmel", in: Kurt Gassen und Michael Landmann (Hrsg.), Buch des Dankes an Georg Simmel, Berlin 1958, S. 171–176.

© Springer Fachmedien Wiesbaden GmbH, ein Teil von Springer Nature 2019
K. Lichtblau, *Zur Aktualität von Georg Simmel*, Aktuelle und klassische
Sozial- und Kulturwissenschaftler|innen, https://doi.org/10.1007/978-3-658-22716-6_1

zuwendet. Erst gegen Ende seines Lebens holt auch ihn jener ‚teutonische Furor' ein, der mit dem Ausbruch des Ersten Weltkrieges für lange Zeit das intellektuelle Klima in Europa vergiften sollte. Denn dieser von vielen seiner Zeitgenossen nicht mehr für möglich gehaltene und deshalb als ‚unzeitgemäß' empfundene militärische Kraftakt stellt den historischen Ausgangspunkt für einen sich immer stärker zuspitzenden ‚Weltbürgerkrieg' dar, in dem Simmels Werk zum Relikt eines der Vergangenheit angehörenden bürgerlichen Zeitalters erklärt wurde. Nicht zufällig vergleicht Simmel seine Arbeiten einmal selbst mit einer Hinterlassenschaft in „barem Gelde", die an viele Erben verteilt worden sei und denen „die Provenienz aus jener Hinterlassenschaft nicht anzusehen ist"[2].

Auch Simmel erlebt noch die Anfänge der Selbstzerstörung jenes Europas, in dem sein Werk als Ausdruck eines im ästhetischen Selbstgenuss verharrenden und zur eigentlichen politischen Entscheidung unfähigen deutschen Bildungsbürgertums erscheinen musste. Zugleich gibt uns Simmel aber auch entscheidende Anhaltspunkte dafür, von welcher Art Kultur sich das zwanzigste Jahrhundert seit 1914 eigentlich verabschiedet hat, deren Eigenart er wie vor ihm kein anderer analysiert. Anhand seiner Schriften lässt sich nämlich zeigen, dass bereits um 1900 eine intellektuelle Höhe und Tiefenschärfe des kulturtheoretischen Denkens erreicht worden ist, von der auch zahlreiche von Simmels Schülern noch Jahrzehnte später profitieren sollten. Einige von ihnen haben dieses intellektuelle Erbe unter dem Markenzeichen der ‚Kritischen Theorie' sogar in die öffentliche Diskussion zur Zeit der weltweiten Studenten- und Jugendbewegung der 1960er Jahre einzubringen vermocht. Walter Benjamins Kennzeichnung Simmels als „Ahnen des Kulturbolschewismus" stellt insofern mehr als nur eine nostalgische Rückbesinnung auf den eigenen Lehrer dar.[3] Andererseits wäre es sicherlich eine Verkürzung, Simmel als intellektuellen Vorläufer der außerparlamentarischen Opposition der 1960er Jahre in Anspruch nehmen zu wollen. Dem widerspricht nicht nur der zutiefst apolitische Charakter seines Denkens, sondern auch die Vielfalt der intellektuellen Strömungen, die sich in seinem Werk bündeln und dort ohne das Bedürfnis nach einer definitiven Entscheidung einander gegenüberstehen, um sich in ihrem vermeintlichen Absolutheitsanspruch wechselseitig zu relativieren. Simmel zeigt uns aber auch, wie man mit scheinbar unversöhnlichen intellektuellen Positionen umgehen kann, ohne sie vorschnell auf einen einzigen weltanschaulichen Gegensatz zu reduzieren, sondern

---

2 Michael Landmann, Einleitung zu: Georg Simmel, Brücke und Tür. Essays des Philosophen zur Geschichte, Religion, Kunst und Gesellschaft, Stuttgart 1957, S. VI.

3 Vgl. Walter Benjamin, Brief an Theodor W. Adorno vom 23. Februar 1939, in: ders., Briefe, hrsg. von Gershom Scholem und Theodor W. Adorno, Band 2, Frankfurt am Main 1966, S. 808.

1 Ein moderner Zeitphilosoph

sie in einem freien Spiel des Denkens produktiv miteinander in Beziehung zu setzen. Und zwar dergestalt, dass diese Vielfalt nicht zugunsten einer höheren Einheit wieder aufgegeben wird, sondern im Modus des ‚Zugleich' prinzipiell bestehen bleibt. Nicht zufällig ist Simmels Denken mit einer Rehabilitierung des ‚ausgeschlossenen Dritten' verglichen worden, bei der das ‚Vielleicht' und das ‚Sowohl-als-Auch' an die Stelle des ‚Entweder-Oder' getreten ist.[4]

Der spezifisch ‚neuzeitliche' beziehungsweise ‚moderne' Kampf der Weltanschauungen war auch Simmel nicht fremd. Nur gibt es für ihn weder eine definitive Versöhnung der möglichen Denkstandpunkte noch die Notwendigkeit einer Entscheidung zwischen den einzelnen weltanschaulichen Strömungen. Vielmehr spricht er sich für die Anerkennung ihrer prinzipiellen Vielfalt aus, deren Eigenart er durch ein neues Denken in ‚Relationen' und ‚Wechselwirkungen' gerecht zu werden versucht. Gerade dieser Denkstil ist es, der uns Simmel heute wieder zeitgemäßer erscheinen lässt als seine fundamentalistischen Kritiker und Widersacher, die im Gefolge der ‚postmodernen' Infragestellung der Traditionsbestände der westlichen Kultur und des politisch-ökonomischen Zusammenbruchs des ‚realen Sozialismus' nun ihrerseits einer bereits vergangenen Zeit anzugehören zu scheinen.

Die Aktualität von Simmels Werk ist insofern im Zusammenhang mit den ungelösten Strukturproblemen jenes ‚modernen' Zeitalters zu sehen, von dem sich die neuzeitliche Geschichte nur um den Preis zweier Weltkriege und der Errichtung zahlreicher totalitärer Diktaturen in Europa vorübergehend verabschiedet hat. Die Epoche zwischen 1890 und 1914 erweist sich im Rückblick gesehen dabei als die eigentliche Blütezeit jener kulturellen Moderne, in deren Bann wir immer noch stehen und die jene epochalen Probleme aufgeworfen hat, die auch heute noch die unseren sind. Wenn ‚Klassizität' etwas Anderes bedeuten soll als die ehrfürchtige Verneigung vor den intellektuellen und künstlerischen Leistungen der ‚Alten', dann dieses: nämlich dass ein Denken, das einer spezifischen historischen Problemlage entsprungen ist, uns auch heute noch in die Lage zu versetzen vermag, uns an ihm produktiv abzuarbeiten und für unsere gegenwärtigen Orientierungsprobleme fruchtbar zu machen. Deshalb müssen wir Simmel als einen kulturtheoretischen Denker ersten Grades anerkennen und uns mit ihm auseinandersetzen. Denn er gehört nicht nur zu jenen soziologischen Klassikern, die wie Ferdinand Tönnies, Emile Durkheim und Max Weber um 1900 gewirkt haben und die ebenfalls seit

---

4 Vgl. Ernst Bloch, „Weisen des ‚Vielleicht' bei Simmel" (Zum 100. Geburtstag, 1958), in: ders., Gesamtausgabe, Band 10, Frankfurt am Main 1969, S. 57–60; Margarete Susman, Die geistige Gestalt Georg Simmels, Tübingen 1959, S. 5 f. und 19; ferner Beat Wyss, „Simmels Rembrandt", in: Georg Simmel, Rembrandt. Ein kunstphilosophischer Versuch, Neuausgabe München 1985, S. XXVIII.

vielen Jahren Eingang in die dogmengeschichtlichen Lehrbücher der modernen Soziologie gefunden haben. Simmel ist darüber hinaus ein Denker, dem wir die intellektuell eindrucksvollste und wirkungsgeschichtlich bedeutendste Vorwegnahme der Kulturkritik des 20. Jahrhunderts verdanken, deren zeitdiagnostische Fruchtbarkeit auch heute noch trotz aller Unkenrufe vonseiten der Gebildeten unter ihren Verächtern außer Frage steht.[5]

Wenn wir von ‚Moderne' nicht in einem ahistorischen, sondern in einem epochalen Sinn sprechen, müssen wir uns fragen, welche Unterschiede die Zeit um 1900, der wir unsere eigene kulturtheoretische Begrifflichkeit verdanken, gegenüber jener ‚Neuzeit' kennzeichnen, wie sie im Denken des 17. und 18. Jahrhunderts zum Ausdruck kommt. Denn nur so ist es möglich, einen historischen Begriff der Moderne zu gewinnen, um die Frage zu beantworten, wo wir heute selbst stehen und welches von den verschiedenen möglichen Verständnissen von ‚Modernität' eigentlich das unsere ist. Simmel gibt uns mit Blick auf seine eigene Zeit diesbezüglich eine eindeutige und auch heute noch diskussionswerte, wenn nicht gar wegweisende Antwort. Vergleichbar mit Nietzsche und Max Weber reflektiert nämlich auch sein Werk jenen epochalen Bruch, der sich bereits um 1800 zwischen den universalistischen Prinzipien der europäischen Aufklärung einerseits und der durch die romantische Bewegung vollzogenen Hinwendung zur historischen Eigenart der verschiedenen nationalen Kulturen sowie dem Eigensinn eines sich primär ästhetischen Erfahrungsgehalten verdankenden Lebensstils andererseits ergeben hat und der um 1900 unter dem Vorzeichen einer ‚neuen Romantik' kulturkritisch radikalisiert worden ist. Zugleich versucht Simmel den durch den fortschreitenden Industrialisierungsprozess und das Erstarken der sozialistischen Bewegung sich verschärfenden Gegensatz zwischen der überlieferten bürgerlichen Kultur und der modernen Massengesellschaft dergestalt Rechnung zu tragen, dass deutlich wird, welche Kulturprobleme seine eigene Epoche im Unterschied zur Zeit der Hochblüte der klassischen deutschen Philosophie und Literatur kennzeichnen. Indem Simmel bewusst der ‚Allmacht' des Geldes und einer durch sie geprägten Kulturindustrie einen hervorragenden Stellenwert in seinen kulturkritischen Schriften einräumt, vollzieht er gewissermaßen eine ‚materialistische' Wende innerhalb der bürgerlichen Kulturphilosophie der Jahrhundertwende. Diese bezeichnet er nur deshalb nicht als materialistisch, weil sie nicht bei der Behauptung einer Vorrangstellung der ökonomischen Sphäre stehen bleibt, sondern deren Wechselwirkung mit den verschiedenen anderen gesellschaftlichen Bereichen zum Gegenstand hat.

---

5 Siehe hierzu auch die entsprechenden Ausführungen in Klaus Lichtblau, Kulturkrise und Soziologie um die Jahrhundertwende. Zur Genealogie der Kultursoziologie in Deutschland, Frankfurt am Main 1996.

1 Ein moderner Zeitphilosoph

Simmels Auseinandersetzung mit der von Adam Smith und David Ricardo begründeten Tradition der politischen Ökonomie muss dabei im Kontext der um 1900 einsetzenden erkenntnistheoretischen und kulturphilosophischen Rezeption des Marx'schen Hauptwerks *Das Kapital*, gesehen werden, die für die Entwicklung des ‚Westlichen Marxismus' und der ‚Kritischen Theorie' bestimmend werden sollte. Indem Simmel die um 1900 stattfindende Aufwertung der ästhetischen Sphäre und des subjektiven ‚Erlebens' zum Gegenstand seiner kulturtheoretischen Arbeiten macht, gelingt es ihm jene sich scheinbar der theoretischen Reflexion entziehende ‚irrationale Sphäre' zu berücksichtigen, die gegenüber den Universalitätsansprüchen der bürgerlichen Tradition der Aufklärung die Schattenseite innerhalb der modernen Weltanschauung darstellt. Sein Erkenntnisinteresse ist dabei primär auf jene Brüche, Spannungen und Konflikte gerichtet, die sich aus der Konfrontation zwischen den verschiedenen Strömungen innerhalb des modernen Lebensstils und dem durch ihn geprägten Weltbild ergeben. Die durch den Gegensatz zwischen dem Individuellen und Allgemeinen, Inhalt und Form, Freiheit und Notwendigkeit, ‚hoher Kunst' und Alltagsästhetik sowie dem ‚männlichen' und dem ‚weiblichen Prinzip' gekennzeichneten Antinomien der Moderne sind es, die seine Schriften prägen und in einer für Simmels Denken charakteristischen Weise aufeinander bezogen werden. Im Unterschied zur großen Tradition der klassischen deutschen Philosophie und der Gesellschaftslehren des 19. Jahrhunderts hat Simmel aber den Anspruch auf eine einheitliche Deutung der Welt aus obersten Vernunftprinzipien längst aufgegeben. Sein eigenes Denken trägt insofern einer spezifischen Erfahrung der Moderne Rechnung, wie sie um 1900 bei zahlreichen Schriftstellern, Künstlern und Intellektuellen anzutreffen ist.

Simmel versucht dabei die für seine Epoche charakteristischen Gegensätze in den entlegensten Bereichen wie zum Beispiel in alltäglichen Erscheinungen nachzuspüren. Jedoch maßt er sich nicht an, eine allgemein verbindliche Theorie des modernen Zeitalters zu entwickeln. Sein Bestreben, die unaufhebbaren Antinomien der Moderne zeitdiagnostisch zu verdeutlichen, ähnelt in methodischer Hinsicht vielmehr der Vorgehensweise eines Sammlers, der die merkwürdigsten Beispiele für wert erachtet, einer philosophischen, soziologischen und ästhetischen Betrachtung zu unterwerfen, um diese als immer wieder neue Bestätigung für die geistige Signatur seiner Epoche anzusehen. Und auch Simmels Weigerung, sich in eine der damals existierenden akademischen Schubläden wie der Philosophie, der Ästhetik und der verschiedenen Einzelwissenschaften einzwängen zu lassen, zeugt von einer grundsätzlichen Skepsis gegenüber solchen scheinbar eindeutigen intellektuellen Festlegungen. Wenn er also zu Recht als Mitbegründer einer solchen Einzelwissenschaft gilt, muss doch berücksichtigt werden, dass er auch der Soziologie nur einen beschränkten Erklärungsanspruch bezüglich der Eigenart des modernen Lebens zuspricht und diese deshalb auf die Notwendigkeit einer umfassenden philosophischen Analyse der Antinomien des modernen Zeitalters verweist. Simmel wird man insofern nur dann voll gerecht, wenn man den pluralistischen Charakter seines Denkens und Schaffens berücksichtigt. Seine Gelehrsamkeit ist nicht aus der Laune eines sich in recht unterschiedlichen Disziplinen zu Hause fühlenden Denkers heraus entstanden, sondern verdankt sich der Überzeugung, dass sich nur bei einer Berücksichtigung der unterschiedlichen disziplinären Zugangsweisen zumindest in einem formalen Sinne so etwas wie eine einheitliche Erfahrung der Moderne gewinnen lässt. Die vorliegende Einführung in sein Werk versucht diesem interdisziplinären Charakter von Simmels Denken dadurch Rechnung zu tragen, dass sie sich nicht auf seine soziologischen Arbeiten im engeren Sinne beschränkt, sondern auch seine philosophischen, kulturtheoretischen und ästhetischen Schriften berücksichtigt. Denn nur so ist es möglich, den fragmentarischen Charakter, den zahlreiche seiner Schriften besitzen, dergestalt zu relativieren, dass zugleich deutlich wird, welches das eigentliche Anliegen seines Werkes ist. Dieses beruht auf der Überzeugung, dass es unter Berücksichtigung der verschiedenen Erfahrungsgehalte der Moderne dennoch so etwas wie ein modernes Weltbild gibt, das sich mehr oder weniger kohärent beschreiben lässt.

Ausgangspunkt der folgenden Ausführungen ist Simmels Annahme, dass das moderne Leben durch eine konflikthafte Struktur gekennzeichnet sei. Diese betrachtet er zum einen als Eigentümlichkeit jeder „Übergangszeit". Zum anderen versucht er die zentralen Dualismen und die damit gegebenen Spannungen seines Zeitalters auf die Rolle der Parteiung, des Gegensatzes, des Kampfes sowie des Konfliktes innerhalb des elementaren ‚Lebensprozesses' zurückzuführen. Simmel verdeutlicht den für das moderne Weltbild zentralen Dualismus und den ihm entsprechenden Antagonismen innerhalb der praktischen Lebensführung anhand zahlreicher Beispiele. Diese stehen in einem inhaltlichen Zusammenhang und lassen sich vor dem Hintergrund übergreifender kulturtheoretischer und entwicklungsgeschichtlicher Überlegungen anhand seiner verschiedenen philosophischen, soziologischen und ästhetischen Schriften in einer kohärenten Weise rekonstruieren. Hierbei sind die für Simmels Werk zentralen begrifflichen Gegensätze wie dem zwischen undifferenzierter und differenzierter Einheit, Natur und Kultur, Geist und Seele, Individualisierung und Vergesellschaftung, ‚quantitativem' und ‚qualitativem' Individualismus, wissenschaftlicher und künstlerischer Weltanschauung, ästhetischem Individualismus und ästhetischem Pantheismus, Absolutismus und Relativismus sowie Dauer und Bewegung zu berücksichtigen. Diese Gegensatzpaare bringen ein grundlegendes Spannungsverhältnis zum Ausdruck, das innerhalb der modernen Kultur prinzipiell nicht aufgehoben, jedoch in Gestalt entsprechender ‚Stilisierungen' und ‚Symbolisierungen' beschrieben werden kann. Die spezifischen Antinomien der

1 Ein moderner Zeitphilosoph

Moderne scheinen dabei im Vergleich zur scheinbaren Geschlossenheit des antiken und mittelalterlichen Weltbildes der Grund für die auffallende ‚Stillosigkeit' der Gegenwart zu sein. Jedoch versucht Simmel dieser ‚Vielheit der Stile' zugleich eine zeitdiagnostische Bedeutung abzugewinnen. Denn diese kennzeichnet nicht nur eine grundlegende Eigenschaft des modernen Zeitalters, sondern beinhaltet auch einen spezifischen Erfahrungsgehalt der Moderne, der sich in den unterschiedlichsten Bereichen der Kultur und des alltäglichen Lebens niedergeschlagen hat.

Simmels Analyse der modernen Geldwirtschaft und ihrer Auswirkungen auf die unterschiedlichsten kulturellen Bereiche kommt dabei ein zentraler Stellenwert bei seiner Rekonstruktion des modernen Lebensstils zu. Zum einen zeigt er in diesem Zusammenhang unter Rückgriff auf ältere differenzierungstheoretische Überlegungen auf, wie die allmähliche Objektivation des wirtschaftlichen Wertempfindens in Gestalt des Geldes zu einer entwicklungsgeschichtlichen Differenzierung zwischen Subjekt und Objekt führt. Dabei wird der mythische Naturzwang durch eine Welt der kulturellen Objektivationen abgelöst, in der sich der moderne Mensch nicht mehr als deren Urheber erkennen kann. Zum anderen macht Simmel deutlich, warum gerade das Geld zum Symbol der kulturellen Entfremdung in den verschiedensten Lebensbereichen und somit zur allgemeinen Signatur der Zeit werden konnte. Mit der Unterstreichung der symbolischen Funktion des Geldes spricht Simmel diesem aber zugleich eine Bedeutung zu, die es mit einem großen Kunstwerk teilt: nämlich die Möglichkeit, an einem einzelnen Gegenstand etwas Allgemeines von zeitloser Bedeutung zu veranschaulichen.

Simmel zeigt die spezifischen Antinomien der Moderne aber nicht nur am Beispiel des Geldes auf, sondern verdeutlicht sie auch anhand zahlreicher alltagsästhetischen Erscheinungsformen wie dem Schmuck und der Mode, dem Abenteuer, der Geselligkeit sowie der Koketterie, in denen sich die Gegensätze des modernen Lebens in einer noch ‚unerlösten' Form widerspiegeln. Simmel macht jedoch auch auf einige Lebensbereiche aufmerksam, in denen sich der für die moderne Zeiterfahrung charakteristische ‚Gegenweltbedarf' unter Rückgriff auf Wertsphären und Lebensformen zu befriedigen versucht, deren Herkunft sich dem vorindustriellen Zeitalter verdankt: nämlich die auratische Form der Kunst und die religiöse Mystik, aber auch die spezifisch romantische Form der geschlechtlichen Liebe. In ihnen komme die Idee einer Erlösung von den Gegensätzen des modernen Lebens zum Ausdruck, die auf einem emphatischen Verständnis von Persönlichkeit beruht, deren ‚individuelles Gesetz' Simmel in seinen Monographien über Rembrandt und Goethe zu veranschaulichen versucht.

In diesem Zusammenhang entwickelt Simmel die Idee eines ‚qualitativen Individualismus', die von einem universalistischen Verständnis der Menschenrechte zu unterscheiden ist, weil sie das Recht auf Eigenart der individuellen Existenz ohne Rückgriff auf Instanzen allgemein-gesellschaftlicher Art geltend zu machen versucht. Nicht zufällig spiegeln auch Simmels ästhetische Schriften diesen für die moderne Kultur grundlegenden Konflikt zwischen Individualisierung und Vergesellschaftung wider. Zum einen zeigt er nämlich anhand der ästhetischen Gestaltung des modernen Lebens eine spezifische Form der Vermittlung zwischen dem Individuellen und dem Allgemeinen auf, welche diesen Gegensatz zwar nicht ‚löst', ihn aber auch nicht in Form einer offenen Konfrontation entgleisen lässt. Sie schließt somit die Notwendigkeit einer Entscheidung und den damit verbundenen ‚Ernstfall' gerade aus. Zum anderen zeigt Simmel am Beispiel des autonomen Kunstwerks eine Form der Vermittlung zwischen dem Individuellen und dem Allgemeinen auf, die den Umweg über die Welt der ‚objektiven Kultur' und die damit verbundene kulturelle Entfremdung vermeidet und die er in einem ‚individuellen Gesetz' der Kunst sowie der in ihm zum Ausdruck kommenden künstlerischen Persönlichkeit gegeben sieht.

Simmels weltanschaulicher ‚Relativismus', der nicht nur durch seine Erhebung der Kategorie der Wechselwirkung zu einem ‚regulativen Weltprinzip', sondern auch durch seine eigene ‚Unentschiedenheit' bezüglich der Antinomien der Moderne unterstrichen wird, hat immer versucht, beiden Seiten der für die moderne Kultur charakteristischen Gegensätze gerecht zu werden. Gleichwohl gibt es auch in seinen Schriften ein implizites Spannungsverhältnis zwischen dem Recht des Relativen und Fragmentarischen einerseits und jener Sehnsucht nach dem ‚Absoluten' andererseits, die Simmel mit vielen seiner Zeitgenossen teilt. Insofern stellt die positive Bezugnahme auf die im August 1914 tatsächlich eingetretene ‚absolute Situation', wie sie in Simmels Kriegsschriften zum Ausdruck kommt, nicht nur eine zeitbedingte intellektuelle Entgleisung dar, die er nachträglich selbst wieder relativiert hat, sondern eine prinzipielle Möglichkeit des Denkens, deren Brisanz sich gerade im Rahmen seiner eigenen Diagnose der Moderne zeigt. Auch am Beispiel von Simmels Kriegsschriften und seiner späteren Lebensphilosophie, die bereits die Wende zur existenzphilosophischen Konjunktur der folgenden Jahrzehnte vorwegnimmt, lässt sich insofern jenes für das moderne Weltbild charakteristische Spannungsverhältnis zwischen einem weltanschaulichen ‚Absolutismus' und ‚Relativismus' aufzeigen.

Simmels Werk muss im Kontext der verschiedenen Versuche zu einer Überwindung der Krise des Historismus des ausgehenden 19. Jahrhunderts gesehen werden.[6] Er selbst hebt immer wieder die ‚Zeitlosigkeit' seiner verschiedenen Arbeiten hervor und will seine Monographien über Goethe und Rembrandt nicht als historische

---

6 Vgl. hierzu die einschlägige Untersuchung von Ernst Troeltsch, Der Historismus und seine Probleme, Tübingen 1922.

Biographien verstanden wissen. Seine Betonung der ‚Überzeitlichkeit' der ‚reinen Formen' der Vergesellschaftung und des künstlerischen Schaffens sowie seine Charakterisierung der Gegenwart als eine ‚Übergangszeit' jenseits der historischen Zeit nimmt dabei zentrale Motive der ästhetischen Moderne sowie der eschatologischen Tradition der jüdisch-christlichen Kultur auf, die später unter anderem auch in der Geschichts- und Kulturphilosophie von Walter Benjamin in den Mittelpunkt der zeitdiagnostischen Reflexion gestellt worden sind.[7] Simmel versucht im Rahmen seiner Analyse der temporalen Struktur des modernen Weltbildes dabei die Paradoxie einer ‚zeitlosen Bewegung' zu denken, die er in dem Gegensatz zwischen einer ‚absoluten Beharrung' und einer ‚absoluten Veränderung' zum Ausdruck kommen sieht und die er als eine „species aeternitatis mit umgekehrtem Vorzeichen" beschreibt. Insofern lässt sich anhand seiner Ausführungen zum Problem der historischen Zeit und der spezifischen ‚Zeitlosigkeit' der Moderne zeigen, in welchem Ausmaß seine kulturphilosophischen, ästhetischen und soziologischen Schriften auch hinsichtlich des Problems der ‚Paradoxie der Zeit' aufeinander bezogen sind und als sich ergänzende Beiträge zu seiner Gegenwartsanalyse verstanden werden können.

---

7   Siehe hierzu Norbert Bolz und Willem van Reijen, Walter Benjamin, Frankfurt am Main 1991, S. 41 ff. und 74 ff.; vgl. ferner Ralf Konersmann, Erstarrte Unruhe. Walter Benjamins Begriff der Geschichte, Frankfurt am Main 1991, besonders S. 20 ff. und 90 ff.

Soziale Differenzierung und Individualisierung

2

Simmels Versuch einer Neubegründung der Soziologie als moderner Einzelwissenschaft ist aus einer zweifachen intellektuellen Frontstellung heraus erwachsen. Zum einen ist er darum bemüht, den die ganze zweite Hälfte des 19. Jahrhunderts beherrschenden Gegensatz zwischen dem bürgerlichen Individualismus mit seinem Bestehen auf den persönlichen Freiheitsrechten einerseits und den sozialistischen Bestrebungen bezüglich einer zunehmenden Vergesellschaftung der ökonomischen Produktionsmittel sowie der zentralen politischen Institutionen andererseits als Momente eines übergreifenden Entwicklungsprozesses auf dem Weg zu einer modernen Gesellschaft begreifbar zu machen. Und zum anderen betritt er auch in erkenntnistheoretischer Hinsicht ein neues Gebiet, indem er sich gegen die kollektivistischen Grundbegriffe der älteren Gesellschaftslehren des 19. Jahrhunderts ausspricht und die Notwendigkeit einer neuen begrifflichen Grundlegung der modernen Sozialwissenschaften betont, welche zugleich den fortgeschrittenen Erkenntnisstand innerhalb der Naturwissenschaften sowie in den benachbarten Disziplinen wie der Psychologie und der Historik berücksichtigt.

Die Erschütterung, die der ältere naturwissenschaftliche Gesetzesbegriff bei dem Versuch seiner Übertragung auf die Analyse von geistigen und sozialen Prozessen und durch die Grundlagenkrise des physikalischen Weltbildes gegen Ende des 19. Jahrhunderts erfahren hat, konnte auch jene Disziplin nicht unberührt lassen, die unter dem Kunstnamen der ‚Soziologie' einstmals mit dem Anspruch auf eine Erklärung der gesamtgesellschaftlichen Entwicklung aufgetreten ist. Simmel sieht die ‚zersetzenden' Auswirkungen der sich hierbei anbahnenden wissenschaftlichen Revolution innerhalb der physikalischen Elementarteilchenlehre jedoch nicht als Bedrohung für die modernen Sozialwissenschaften, sondern versteht sie als Chance, der Soziologie eine völlig neue begriffliche Grundlage zu geben. Zwar greift auch er auf den sowohl für die individualistische als auch die kollektivistische Richtung der Sozialehren des 19. Jahrhunderts charakteristischen Gegensatz zwischen dem

‚Individuum' und der ‚Gesellschaft' zurück.⁸ Jedoch beraubt er die diesen Begriffen zugrundeliegenden Vorstellungen ihres naturalistischen Gehaltes, indem er sie sowohl in erkenntnistheoretischer als auch in entwicklungsgeschichtlicher Hinsicht als höchst voraussetzungsvolle Konstrukte dechiffriert.

Simmel macht den anspruchsvollen Charakter dieser Begriffsbildungen anhand eines einfachen Gedankenexperiments deutlich. Zum einen konstatiert er die für seine Zeit charakteristischen Bestrebungen, alle vormals als selbständige Größen aufgefassten empirischen Erscheinungen in immer kleinere Teile zu zerlegen und mikroskopisch auf die Elementarformen der Bewegungen von unendlich kleinen Elementen zu reduzieren. Eine letztmögliche Schwelle der Zerkleinerung konnte aber bis heute nicht gefunden werden, da sich bekanntlich auch das Atom auf das Zusammenwirken einer Vielzahl von kleineren Elementarteilchen zurückführen lässt. Und auch die vorgebliche Einheit der menschlichen ‚Seele' lässt sich auf eine Vielzahl von organischen und psychischen Prozessen zurückführen, die nur deshalb im Resultat als Einheit erscheinen, weil innerhalb ihrer komplexen Wechselwirkungen immer nur eine begrenzte Anzahl von ihnen der externen Wahrnehmung und dem persönlichen Bewusstsein zugänglich sind, auf die sich dann die einheitliche Beschreibung eines Seelenvorganges bezieht.⁹ Ein radikaler erkenntnistheoretischer Individualismus stößt also auf vergleichbare Grenzen. Denn nicht nur das Allgemeine, sondern auch das Individuelle beruht auf graduellen Bestimmungen, bei denen sich eine Vielzahl von Übergängen und Schattierungen feststellen lässt, deren weitere begriffliche Differenzierung sowohl nach unten als auch nach oben gemäß dem Fortschritt der menschlichen Erkenntnis offen ist.

Simmel schlägt deshalb ein anderes Verfahren der Begriffsbildung vor, das diesem vieldeutigen Charakter der einzelnen Erscheinungsformen des menschlichen Seelenlebens und der historisch-sozialen Welt gerecht zu werden vermag und dabei in der Lage ist, den logischen Ort der von ihm angestrebten ‚formalen Soziologie' anzugeben. Wenn es nämlich keine letzte Schwelle der Zerkleinerung und auch keine grundsätzliche Grenze der Verallgemeinerung gibt und insofern die Suche nach den letzten Bewegungsgesetzen der Atome sowie der Gestirne als ein spekulatives Ideal zu bezeichnen ist, bietet sich als methodische Alternative die Entwicklung von Einheitsbegriffen an, die jeweils nur auf jene Prozesse Bezug nehmen, welche im Resultat als Einheit wirken und dergestalt auch einheitlich beschreibbar sind. An die Stelle eines naiven Kollektivismus und eines ‚spekulativen Atomismus' tritt bei Simmel deshalb ein dynamisches Denken in Relationen, welches sich auf

---

8   Vgl. Georg Simmel, Über sociale Differenzierung. Soziologische und psychologische Untersuchungen [1890], GSG 2, S. 115 ff.
9   Ebd., S. 126 ff.

2 Soziale Differenzierung und Individualisierung

die Wechselwirkungen der einzelnen Teile eines komplexen Vorganges bezieht.[10] Ihm zufolge kommt es dabei gar nicht darauf an, sich über die eigentliche ‚Natur' dieser miteinander in Wechselwirkung stehenden Teile Rechenschaft abzulegen. Wichtig dabei ist vielmehr, dass sich die wissenschaftliche Beschreibung auf einen Prozess bezieht, der im Resultat als Einheit erscheint und Ergebnisse zeitigt, die sich eindeutig auf einen solchen komplexen Zusammenhang von Wechselwirkungen zwischen den Teilen eines Gesamtprozesses zurückführen lassen. Simmel spricht dieser mikroskopischen Untersuchungsmethode den Rang eines ‚regulativen Weltprinzips' zu, dem die Überzeugung zugrunde liegt, „daß Alles mit Allem in irgend einer Wechselwirkung steht, daß zwischen jedem Punkte der Welt und jedem andern Kräfte und hin- und hergehende Beziehungen bestehen; es kann uns deshalb logisch nicht verwehrt werden, beliebige Einheiten herauszugreifen und sie zu dem Begriff eines Wesens zusammenzuschließen, dessen Natur und Bewegungen wir nach historischen wie gesetzlichen Gesichtspunkten festzustellen hätten"[11].

Bezogen auf das Grundlagenproblem der modernen Soziologie geht Simmel deshalb davon aus, dass diese im Grunde genommen gar keinen ‚eigenen' Gegenstand hat, sondern vielmehr eine spezifische begriffliche Methode darstellt, mit der ein durch die bereits existierenden Einzelwissenschaften wie die Historik, die Nationalökonomie und die Psychologie empirisch erforschter ‚Inhalt' einer neuen Synthese unterworfen wird. Hierbei stellt dieses ‚Material' selbst eine durch diese benachbarten Einzelwissenschaften gebildete Synthese dar, nicht aber eine ‚objektive Tatsache', die sich unabhängig von solchen disziplinären Zugangsweisen bestimmen lässt. Die begrifflichen Konstruktionen der modernen Soziologie sind also genau gesehen Konstruktionen zweiten Grades, die auf einen ‚Inhalt' Bezug nehmen, der sich auch anders als mit den Mitteln der Soziologie begrifflich erschließen lässt.[12] Dies ist auch einer der Gründe, warum Simmel der von ihm vertretenen Richtung der modernen Soziologie einen rein ‚formalen' Charakter zuspricht. Denn diese hat weder die persönlichen Motive und Interessen der handelnden Individuen noch die von ihnen verfolgten Zwecke und Werte, sondern allein die Formen der Wechselwirkung, die ihre Handlungsverkettungen annehmen und die ihnen eine spezifisch soziale Gestalt verleihen, zum Gegenstand, wie sie am Beispiel der Arbeitsteilung

---

10 Zu Simmels Auseinandersetzung mit dem naturwissenschaftlichen Weltbild seiner Zeit siehe auch Hannes Böhringer, „Spuren von spekulativem Atomismus in Simmels Soziologie", in: Ästhetik und Soziologie um die Jahrhundertwende: Georg Simmel, herausgegeben von Hannes Böhringer und Karlfried Gründer, Frankfurt am Main 1976, S. 105–117.
11 Über sociale Differenzierung, S. 130.
12 Ebd., S. 116 f.

und der Herrschaft, des Konfliktes und des Kampfes, aber auch der Geselligkeit und der Freundschaft näher beschrieben werden können. Bezogen auf die uralte Frage, was ‚die Gesellschaft' eigentlich sei, gibt Simmel deshalb eine höchst formale und insofern pointierte Antwort. Denn die ‚Gesellschaft' ist ihm zufolge nämlich nichts anderes als die Summe aller sozialen Wechselwirkungen und stellt mithin einen rein graduellen Begriff dar, dessen Umfang von dem vorgegebenen entwicklungsgeschichtlichen Niveau der sozialen Differenzierung bestimmt wird.[13] Damit stellt aber die soziologische „Auflösung der Gesellschaftsseele in die Summe der Wechselwirkungen ihrer Teilhaber" einen zentralen Bestandteil jener allgemeinen Richtung des modernen Geisteslebens dar, die Simmel zufolge darin besteht, „das Feste, sich selbst Gleiche, Substantielle in Funktion, Kraft, Bewegung aufzulösen und in allem Sein den historischen Prozeß seines Werdens zu erkennen"[14].

Dieser ‚formale' Charakter der von Simmel begründeten Richtung der modernen Soziologie hat eine Reihe von Konsequenzen, von denen an dieser Stelle nur zwei hervorgehoben werden sollen. Zum einen führt das von ihm angegebene Verhältnis zwischen Individuum und Gesellschaft gemäß seiner Grundunterscheidung zwischen Inhalt und Form dazu, dass die eigentliche ‚Persönlichkeit' gar nicht Teil der Gesellschaft und insofern auch kein legitimer Gegenstand der modernen Soziologie ist. Simmel charakterisiert diesen scheinbar befremdlich anmutenden Grundzug seiner formalen Soziologie auch dahingehend, dass jedes Individuum beim Verfolgen seiner persönlichen Motive und Zwecke immer den Umweg über die bestehenden sozialen Formen nehmen und insofern gewissermaßen ‚Steuern' an die Gesellschaft zahlen muss, um seine eigentlichen ‚Endzwecke' realisieren zu können.[15] Ferner ist es Simmel zufolge nicht möglich, von ‚Gesetzen' der sozialen Entwicklung zu sprechen, da die hierbei ins Spiel kommenden Teilprozesse und ihre Wechselwirkungen dermaßen komplex sind, dass sie sich dem Ideal einer gesetzesmäßigen Erklärung von übergreifenden sozialen Prozessen und den damit verbundenen Gesamtentwicklungen notwendig entziehen müssen.[16] Die Soziologie könne insofern nur gewisse ‚Regelmäßigkeiten' der Entwicklung feststellen,

---

13　Georg Simmel, „Das Problem der Soziologie", in: ders., Soziologie. Untersuchungen über die Formen der Vergesellschaftung [1908], GSG 11, S. 19 f. Diese Aufsatzsammlung wird in der Sekundärliteratur als Simmels ‚große Soziologie' bezeichnet.
14　Über sociale Differenzierung, S. 130.
15　Ebd., S. 165 f. Hans Blumenberg hat in seiner Münsteraner Simmel-Vorlesung vom Sommersemester 1981 deshalb von einer „Philosophie der Umwege" gesprochen, die einen grundlegenden Charakterzug von Simmels Denken kennzeichne. Siehe hierzu auch die entsprechenden Ausführungen in Kapitel 3 und 5 der vorliegenden Einführung in Simmels Werk.
16　Über sociale Differenzierung, S. 125.

die sich formal beschreiben und im Sinne einer entsprechenden Typologie auch voneinander unterscheiden lassen.[17] Diese Eigenart von Simmels Verständnis von Soziologie, in der verglichen mit dem geschichtsphilosophischen Anspruch des von Karl Marx und Friedrich Engels vertretenen ‚Historischen Materialismus' eine bemerkenswerte intellektuelle Bescheidenheit zum Ausdruck kommt, betrifft auch den Begriff der sozialen Differenzierung, den Simmel in Anlehnung an das Werk von Herbert Spencer sowie die evolutionstheoretische Richtung der modernen Biologie seiner Zeit übernimmt. Dieser stellt den Grundstein für eine entwicklungsgeschichtliche Betrachtung des Verhältnisses zwischen den verschiedenen Prozessen der Individualisierung und der Vergesellschaftung dar, die Simmels Ruhm als soziologischer Klassiker begründet. Denn er versucht immer beiden Seiten jener in solchen Unterscheidungen zum Ausdruck kommenden Antinomien und Paradoxien gerecht zu werden. Simmel ist insofern ein Denker, der sein Leben lang die Eigenart des Individuellen vor den Zugriffen eines soziologischen Universalitätsanspruchs in Schutz zu nehmen weiß. Ferner gelingt es ihm mit der Theorie der sozialen Differenzierung ein genuin soziologisches Verständnis von Individualität zu entwickeln, das die Grundlage der modernen soziologischen Rollentheorie sowie ein damit verbundenes Verständnis von ‚Individualität' darstellt. Simmel macht ferner deutlich, an welcher Stelle auch innerhalb der modernen Soziologie ein spezifischer Anschlussbedarf für alternative Zugangsweisen zum Problem der menschlichen Individualität besteht, der von einem emphatischen Begriff der ‚Person' ausgeht.

Ausgangspunkt von Simmels Theorie der sozialen Differenzierung ist die Annahme, dass die für unser Verständnis von individueller Freiheit und Persönlichkeit relevanten historischen Prozesse der Individualisierung nicht unabhängig von den übergreifenden Prozessen der Vergesellschaftung bestimmt werden können, sondern mit diesen in einem engen Zusammenhang stehen. Die von verschiedenen soziologischen Theoretikern des 20. Jahrhunderts aufgestellte Behauptung, dass sich die gegenwärtige westliche Gesellschaft nur dann adäquat verstehen lassen würde, wenn man die durch sie bewirkte Freistellung der Individuen aus allen vorgegebenen traditionellen sozialen Bindungen ins Zentrum der soziologischen Analyse stellen würde, beinhaltet also genau gesehen nur eine Wiederaufnahme jener bereits von Simmel getroffenen Feststellung, dass innerhalb der Moderne

---

17 Dies ist auch eine zentrale Annahme der von Max Weber begründeten Variante der ‚Verstehenden Soziologie'. Zum eigenartigen Spannungsverhältnis zwischen der von Simmel und Weber vertretenen Richtungen der modernen Soziologie siehe auch Klaus Lichtblau, Die Eigenart der kultur- und sozialwissenschaftlichen Begriffsbildung, Wiesbaden 2011, S. 173 ff.

‚Individualisierung' und ‚Sozialisierung' strikt korrelative Begriffe sind, die auf einen übergreifenden Prozess der Vergesellschaftung verweisen.[18] Nicht zufällig hat sich die moderne Soziologie in ihrer Entstehungsphase auf eine Analyse des zunehmenden Auseinandertretens von ‚Gemeinschaft' und ‚Gesellschaft', ‚mechanischer' und ‚organischer Solidarität' sowie ‚Tradition' und ‚Moderne' konzentriert, wie sie in den Werken von Ferdinand Tönnies, Emile Durkheim und Max Weber zum Ausdruck kommt. Simmel gibt diesem für die moderne Soziologie grundlegenden Theorem jedoch eine Fassung, die zum einen an die Differenzierungstheorie von Herbert Spencer anschließt und zum anderen Immanuel Kants Behandlung der Antinomien in seiner *Kritik der reinen Vernunft* für die soziologische Forschung fruchtbar zu machen versucht.

Spencer vertritt die Ansicht, dass sowohl innerhalb der Naturgeschichte als auch in der Entwicklung der Gesellschaft sowie des menschlichen Seelenlebens ein Wechsel von der undifferenzierten Einheit über die differenzierte Mannigfaltigkeit hin zu einer differenzierten Einheit stattfinde, in deren Folge ein ursprünglicher Zustand der unbestimmte Homogenität durch das Stadium einer bestimmten und kohärenten Heterogenität abgelöst werde.[19] Dieses sowohl für die Entwicklung der Materie als auch aller biologischen Lebensformen und insofern auch für die gesamte menschliche Kultur gültige ‚Gesetz der Evolution' wird von Simmel für eine Analyse jenes sozialen Differenzierungsprozesses herangezogen, den er in der Entwicklung der archaischen Stammesgesellschaften hin zu immer komplexeren sozialen Gebilden gegeben sieht. Simmel spricht im Unterschied zu Spencer diesem entwicklungsgeschichtlichen Grundtheorem jedoch nicht den Status eines ‚Gesetzes' zu, sondern nur den einer ‚Regel', vermittels der sich typische Entwicklungsstadien der Gesellschaft formal beschreiben lassen.[20] Weder die inhaltlichen Beweggründe der handelnden Menschen noch ihre jeweilige historische Eigenart seien für diese gesellschaftliche Entwicklungsdynamik verantwortlich zu machen, sondern allein die ‚Geometrie' ihrer sozialen Beziehungsformen, die sich aufgrund einfacher ‚psychologischer' Gegebenheiten Geltung verschaffe.[21]

Simmel beschreibt die Eigenart dieses Prozesses der sozialen Differenzierung anhand einer einfachen gruppensoziologischen Beobachtung. Wie verschieden

---

18 Vgl. z. B. Ulrich Beck, Risikogesellschaft. Auf dem Weg in eine andere Moderne, Frankfurt am Main 1986, S. 121 ff.
19 Herbert Spencer, First Principles (1862), New York o. Jg., S. 304 ff.
20 Vgl. Simmel, Grundfragen der Soziologie [1917], GSG 16, S. 24 ff.; dieses Buch wird in der Sekundärliteratur als Simmels ‚kleine Soziologie' bezeichnet, weil sie von einem wesentlich bescheideneren Umfang als seine ‚große Soziologie' von 1908 ist.
21 „Das Problem der Soziologie", S. 18 ff.

2 Soziale Differenzierung und Individualisierung

auch immer die einzelnen archaischen Stammesgesellschaften ursprünglich gewesen sein mögen, so lassen sich doch eine Reihe von Strukturbildungen feststellen, die im Laufe ihrer Entwicklung bei allen diesen Gesellschaften festzustellen sind. Denn bestimmte Formen der Arbeitsteilung und der Herrschaft, der Differenzierung zwischen den Generationen und den Geschlechtern sowie des Verkehrs mit fremden Stammesgesellschaften vermittels des Tausches von ökonomischen Gütern sind in mehr oder weniger gleichem Ausmaß bei fast allen uns bekannten Gemeinwesen anzutreffen. Diese zeichnen sich in der Regel dadurch aus, dass sie zwar als soziale Gruppe jeweils eine unverwechselbare Eigenart besitzen, die sie von anderen Stammesgesellschaften unterscheidet, dass innerhalb ihres eigenen Geltungsbereichs jedoch das einzelne Individuum so gut wie gar nicht hervortritt. Mit fortschreitender Vergesellschaftung durch den Tausch zwischen den verschiedenen Gemeinwesen ändert sich Simmel zufolge jedoch dieses reziproke Verhältnis zwischen Individualisierung und Sozialisierung grundlegend. Denn während sich die einzelnen Gemeinwesen aufgrund der Entwicklung von gemeinsamen Strukturprinzipien zunehmend ähnlicher werden, sind es nun die individuellen Mitglieder dieser archaischen Gemeinschaften, welche die Gelegenheit für die Wahrnehmung einer unterschiedlichen sozialen Stellung und einer damit verbundenen Entwicklung einer persönlichen Eigenart haben. Diese durch die gesellschaftliche Arbeitsteilung und die Differenzierung der damit verbundenen sozialen Rollen bewirkte Steigerung der Individualität der einzelnen Mitglieder eines Gemeinwesens ist dabei an jene Außenbeziehung gebunden, die vermittels des ökonomischen Tausches allmählich einen Vergesellschaftungsprozess freisetzt, bei dem „das Plus an Individualisierung oder ihrem Gegenteil auf dem einen Gebiet ein Minus auf dem andern" beinhaltet.[22] Was die einzelne soziale Gruppe aufgrund ihrer quantitativen Ausbreitung und ihres Austauschs mit anderen Gruppen an individueller Eigenart verliert, ist somit für ihre jeweiligen Mitglieder mit der Möglichkeit eines graduellen Freiheitsgewinns identisch, der sich unter anderem auch durch den Kontakt mit den ursprünglich fremden Stammesgesellschaften ergibt.

Der allmähliche Verlust an sozialer Kohäsion und Kontrolle, der sich innerhalb der einzelnen sozialen Gruppen im Gefolge ihrer zunehmenden Ausbreitung als ein Abschleifen ihres Unterschiedes gegenüber den vormals fremden Gemeinwesen spürbar macht, wirkt sich also auf der Seite der Individuen in Gestalt einer zunehmenden Profilierung ihrer persönlichen Eigenart aus. Zugleich gibt es eine Gegenbewegung, in der die einzelnen Individuen einer neuen Art von Vergesellschaftung ausgesetzt sind und in der ihre jeweilige Besonderheit zur Grundlage eines Kosmopolitismus wird, der auf der Anerkennung des Prinzips der

---

22 Über sociale Differenzierung, S. 174.

Individualität des einzelnen Menschen beruht. Simmel sieht die erste historische Erscheinungsform eines solchen Kosmopolitismus bereits in der griechischen Antike gegeben, in der sich die Anerkennung der jeweiligen Eigenart der Menschen zugleich mit der Vorstellung der Existenz von universell gültigen menschlichen Werten und Rechten verband. Diese in der europäischen Neuzeit wiederaufgenommene Lehre von der prinzipiellen Gleichheit aller Menschen konnte später sogar die extremsten Erscheinungsformen des Individualismus annehmen, wie sie sowohl in der Kulturkritik von Rousseau und Nietzsche als auch innerhalb der modernen anarchistischen Strömungen anzutreffen sind.[23] Gleichwohl sieht Simmel keinen grundsätzlichen Widerspruch zwischen diesen radikalen Formen des Individualismus und des Kollektivismus, sondern die beiden Extreme eines Differenzierungsprozesses, dessen Einheit in der wechselseitigen Bezogenheit seiner einzelnen Momente zum Ausdruck kommt. Nicht zufällig sind Karl Marx und Michail Bakunin Kinder ein und derselben Zeit, auch wenn sie sich politisch bis auf das Messer bekämpft haben.

Simmels Interesse gilt jedoch weniger diesen politischen Ausuferungen eines extremen Individualismus und Kollektivismus, sondern der Frage, wie sich dieser weltanschauliche Gegensatz für ein tieferes soziologisches Verständnis der modernen Individualitätsproblematik fruchtbar machen läßt. Seine zentrale Feststellung lautet in diesem Zusammenhang, dass das Individuum als solches zwar nie restlos in den verschiedenen Vergesellschaftungsprozessen aufgeht, dass es gleichwohl so etwas wie eine soziale Konstruktion der persönlichen Identität gibt, die dem Einzelnen seine unverwechselbare Stellung innerhalb der Gesellschaft zuweist. Oder anders gesprochen: „Die Art seines Vergesellschaftet-Seins ist bestimmt oder mitbestimmt durch die Art seines Nicht-Vergesellschaftet-Seins."[24] Diese Differenzierung im Begriff des Individuellen ist der eigentliche Grund, warum Simmel zwischen einem ‚quantitativen' und einem ‚qualitativen' Individualismus unterscheidet und letzteren vom Geltungsbereich einer rein formalsoziologischen Betrachtungsweise abgrenzt.[25] Denn sein ausschließlich auf die Formen der Wechselwirkungen zwischen den Individuen zugeschnittenes Verständnis von Soziologie erlaubt es ihm nicht, etwas über die Eigenart einer Persönlichkeit jenseits von solchen relationalen Bestimmungen auszusagen. Diese ist bei ihm vielmehr Gegenstand einer philosophischen, ästhetischen und religionswissenschaftlichen Betrachtungsweise, der wir uns später zuwenden werden.

---

23 Ebd., S. 182 ff.
24 Simmel, „Exkurs über das Problem: Wie ist Gesellschaft möglich?" [1908], GSG 11, S. 51.
25 Grundfragen der Soziologie, S. 68 ff.

2 Soziale Differenzierung und Individualisierung

In welcher Weise kann aber die Soziologie das Problem der Individualität zum Gegenstand der Forschung nehmen? Simmel gibt uns hierauf eine eindeutige Antwort. Ohne dass wir uns weiterhin den Kopf über den rätselhaften Charakter der menschlichen Seele zerbrechen müssen ist es uns nämlich durchaus möglich, Aussagen über jene ‚sozialen Kreise' zu machen, in denen die einzelnen Individuen als Mitglieder verstrickt sind und die ihre jeweilige ‚Stellung' innerhalb der modernen Gesellschaft sowie ihre persönliche Eigenart unzweideutig kennzeichnen. Nicht zufällig ist für Simmel die Zahl der verschiedenen Kreise, in denen der Einzelne steht, zugleich ein „Gradmesser der Kultur"[26]. Wenn schon der Soziologie das Individuelle nicht in einem qualitativen Sinne zugänglich ist, kann sie doch immerhin präzise Aussagen über die Anzahl der sozialen Kreise machen, denen eine Person im Laufe ihres Lebens angehört und deren Mitgliedschaften sie in einer für die entsprechende Person charakteristischen Weise miteinander kombiniert. Indem Simmel das Individuum durch den „Schnittpunkt der sozialen Kreise" bestimmt sieht, denen es angehört, ist es ihm möglich, einen genuin soziologischen Begriff von Individualität zu entwickeln, der jeden Einzelnen in seiner gesellschaftlichen Stellung unzweideutig bestimmt. Zwar lässt eine Gruppenzugehörigkeit wie der zu einer Schule oder einem Betrieb dem Einzelnen noch die Möglichkeit, sich einer definitiven Festlegung im Hinblick auf seine soziale Stellung und seinen persönlichen Lebensstil zu entziehen. Je mehr Mitgliedschaften der Einzelne im Laufe seines Lebens jedoch eingeht und miteinander kombiniert, „desto unwahrscheinlicher ist es, daß noch andere Personen die gleiche Gruppenkombination aufweisen werden, daß diese vielen Kreise sich noch einmal in einem Punkte schneiden"[27]. Aufgrund dieser individuellen ‚Kreuzung' der sozialen Kreise, welche die Eigenart eines Menschen kennzeichnet, befreit sich der Einzelne zugleich von jenen gattungsmäßigen Bindungen, die ihn aufgrund seiner stammesgeschichtlichen Herkunft und blutsmäßigen Verwandtschaft ursprünglich gefangen hielten, um bei der Verfolgung seiner persönlichen Zwecke von jenen Möglichkeiten Gebrauch zu machen, die ihm eine sozial differenzierte Gesellschaft in Gestalt einer unermesslichen Möglichkeit von „individualisierenden Kombinationen" zur Verfügung stellt. Und die auf diese Befreiung des Individuums von seinen bisherigen Zwängen sowie auf seine Belastung durch ganz neue Verantwortlichkeiten bezogene soziologische Betrachtungsweise der modernen Individualitätsproblematik erweist sich ihrerseits als ein „echtes Kulturprinzip", das Simmel im Anschluss an die Entwicklungslehre von Herbert

---

26 Über sociale Differenzierung, S. 239.
27 Ebd., S. 240.

Spencer darin gegeben sieht, dass es „von der Einheit einer Idee aus differenteste Inhalte des Lebens zu weiterer Ausgeprägtheit und Vertiefung differenziert"[28]. Simmels Vorwegnahme der soziologischen Rollentheorie verdankt sich insofern jener ‚quantitativen' Bestimmtheit der Individualität, die er zum Gegenstand seiner formalen Soziologie macht. Sein Insistieren auf der Doppelstellung des Individuums ‚diesseits' und ‚jenseits' der Gesellschaft signalisiert aber auch, dass er sich keinesfalls damit zufriedengibt, bei einer rein soziologischen Betrachtungsweise des modernen Individualitätsproblems stehen zu bleiben. Sein Interesse an der Eigenart des Individuellen veranlasst ihn vielmehr dazu, nach jenen Formen Ausschau zu halten, in denen sich ein spezifisch modernes ‚Erlösungsbedürfnis' zu befriedigen vermag, das nicht den ‚Umweg' über die vorgegebenen gesellschaftlichen Formen nehmen will, sondern sich unmittelbar dem ‚Rätsel des Humanen' zu stellen versucht. Die Reichweite von Simmels formaler Soziologie endet deshalb an jener Stelle, an der sich die eigentlichen Probleme der menschlichen Existenz stellen und denen er seine philosophischen und kunsttheoretischen Schriften gewidmet hat. Denn jenseits der soziologischen Frage nach den formalen Bedingungen der Vergesellschaftung gibt es für Simmel noch die viel weitergehende Frage nach den Möglichkeiten einer ‚wertmäßigen' Höherentwicklung der Menschheit sowie das Recht des Individuellen auf seinen Eigensinn, der sich jeder Vergleichung entzieht. Denn dieser nimmt auf einen Wertmaßstab Bezug, der gar nicht der sozialen Sphäre entnommen ist, sondern einem Bereich angehört, der sich dieser Form der Vergleichbarkeit grundsätzlich entzieht.[29] Die Möglichkeit, diese Art des Individuellen zu denken, gilt es im Folgenden vorzubereiten, auch wenn zunächst erneut der ‚Umweg' über die Welt des Sozialen – in diesem Fall ihre ökonomische Erscheinungsform – genommen werden muss.

---

28 Ebd., S. 168.
29 Vgl. Soziologie [1908], S. 860 ff.

Tausch und Vergesellschaftung 3

Auf der Suche nach einer Möglichkeit, den fragmentarischen Charakter seiner soziologischen Arbeiten durch eine umfassende philosophische Deutung der modernen Kultur zu kompensieren, ist Simmel schon früh auf den Gedanken gekommen, dem Geld einen hervorragenden Stellenwert für eine Analyse der Eigenart des gegenwärtigen Zeitalters einzuräumen. Seine erstmals 1900 erschienene *Philosophie des Geldes* trägt dieser Ergänzungsbedürftigkeit seiner formalsoziologischen Zugangsweise durch eine übergreifende kulturphilosophische Betrachtung der verschiedenen Vergesellschaftungsprozesse gleich in mehrerer Hinsicht Rechnung. Denn Simmel sieht prinzipiell jede Einzelwissenschaft sowohl ‚nach unten' als auch ‚nach oben' auf ihre Grenzen stoßen. Zum einen sind es die begrifflichen und methodologischen Voraussetzungen einer Einzelwissenschaft, die überhaupt erst ihre inhaltlichen Ergebnisse ermöglichen und die insofern selbst nicht Gegenstand dieser Einzelwissenschaft sein können, sondern eine auf sie bezogene Form der erkenntnistheoretischen Reflexion erforderlich machen. Zum anderen bedarf sie immer dann einer übergreifenden philosophischen Betrachtungsweise, wenn es sich um ‚Wertungen' und ‚allgemeinste Zusammenhänge des geistigen Lebens' handelt, die nur vermittels einer entsprechenden Weltbildkonstruktion und insofern durch eine „von individueller Färbung nie ganz lösbaren Nachbildung" dem Denken zugänglich gemacht werden können.[30] Simmel spricht diesbezüglich von der ‚Metaphysik' einer Einzelwissenschaft. Im Falle der Historik sieht er diese in der Geschichtsphilosophie gegeben und im Falle seiner formalen Soziologie in einer entsprechenden Form der Sozial- beziehungsweise Kulturphilosophie.

Auch die moderne Nationalökonomie bedarf ihm zufolge einer solchen doppelten, sie sowohl in erkenntnistheoretischer als auch in spekulativer Hinsicht ergänzenden Reflexion, will sie nicht einer naiven Auffassung bezüglich ihres eigenen Gegen-

---

30 Simmel, Philosophie des Geldes [2., vermehrte Auflage 1907], GSG 6, S. 9 f.

standsbereichs verfallen, sondern sich zum einen über ihre grundbegrifflichen Voraussetzungen Klarheit verschaffen und zum anderen über ihren möglichen Beitrag zu einer umfassenden philosophischen Weltbetrachtung Rechenschaft ablegen. Im ersten Fall wird sich eine solche erkenntnistheoretische Reflexion also mit jenen Voraussetzungen befassen müssen, die „in der seelischen Verfassung, in den sozialen Beziehungen, in der logischen Struktur der Wirklichkeit und der Werte" gegeben sind und „die dem Gelde seinen Sinn und seine praktische Stellung anweisen"; im zweiten Fall dagegen mit einer Analyse der „Wirkungen des Geldes auf die innere Welt: auf das Lebensgefühl der Individuen, die Verkettung ihrer Schicksale, auf die allgemeine Kultur"[31]. Dies ist auch der Grund, warum Simmel sagen kann, dass keine Zeile seiner *Philosophie des Geldes* in einem rein nationalökonomischen Sinne gemeint sei, weil diese ein unverwechselbares philosophisches Anliegen verfolge.

Damit tritt Simmels philosophisches Hauptwerk aber bewusst in eine Konkurrenz zu dem umfassenden geschichtsphilosophischen Deutungsanspruch des von Karl Marx und Friedrich Engels begründeten ‚Historischen Materialismus', dessen Ergänzungsbedürftigkeit Simmel in zweierlei Hinsicht gegeben sieht. Er bringt dies dadurch zum Ausdruck, dass er mit seiner *Philosophie des Geldes* beabsichtige, der materialistischen Geschichtsbetrachtung ein „Stockwerk" zu unterbauen, das zum einen die moderne Geldwirtschaft als „Ergebnis tieferer Wertungen und Stimmungen, psychologischer, ja metaphysischer Voraussetzungen" begreifbar erscheinen lässt und zum anderen die Einbeziehung des wirtschaftlichen Lebens in die „Ursachen der geistigen Kultur" ermöglicht.[32] Die von Marx und Engels begründete Form der Kritik der politischen Ökonomie müsse also sowohl ‚nach unten' als auch ‚nach oben' erweitert werden. Hierbei gehe es allerdings nicht darum, eine dieser Erkenntnisstrategien zu verabsolutieren, sondern ihren notwendigen Zusammenhang und ihre jeweilige Ergänzungsbedürftigkeit anzuerkennen, um so die ‚Einheit der Dinge' einer theoretischen Reflexion zugänglich zu machen. Bezüglich des alten erkenntnistheoretischen Streites zwischen dem Idealismus und dem Materialismus entscheidet sich Simmel also für eine methodische Vorgehensweise, die auf eine solche Verabsolutierung jeweils einer dieser prinzipiell möglichen Denkpositionen verzichtet und insofern ihre jeweilige Relativität unterstreicht.

Bei dem Versuch, in seiner *Philosophie des Geldes* dennoch die Möglichkeit eines einheitlichen modernen Weltbildes zu verdeutlichen, stößt Simmel auf beträchtliche logische Schwierigkeiten, mit den Mitteln einer relativistischen Grundlegung der modernen nationalökonomischen Wertlehre eine ähnlich befriedigende Lösung zu erzielen, wie dies einstmals die ‚absolutistischen' Werttheorien mit ihren

---

31 Ebd., S. 10.
32 Ebd., S. 13.

theologischen und naturrechtlichen Begründungen des wirtschaftlichen Wertes vermochten.³³ Sein Bestreben, „von der Oberfläche des wirtschaftlichen Geschehens eine Richtlinie in die letzten Werte und Bedeutsamkeiten alles Menschlichen zu ziehen", bei dem das Geld selbst nur die Rolle eines ‚Beispiels' für eine Darstellung jener Beziehungen einnimmt, „die zwischen den äußerlichsten, realistischsten, zufälligsten Erscheinungen und den ideellsten Potenzen des Daseins, den tiefsten Strömungen des Einzellebens und der Geschichte bestehen"³⁴, muss nämlich zum einen der grundsätzlichen Relativität aller menschlichen Wertungen Rechnung tragen. Und zum anderen muss Simmel die logisch-psychologische Entstehung eines ‚absoluten Wertes' erklären können, der im Geld sein adäquates ‚Symbol' findet. Nicht zufällig beklagt er sich in seinen Briefen an Heinrich Rickert aus den 1890er Jahren wiederholt darüber, dass ihm das spröde ökonomische Material kaum überwindbare Probleme bei einer relativistischen Fundierung von ‚objektiven' Werten bereite.³⁵ Seine Lösung dieses logischen Grundlagenproblems besteht darin, dass er ähnlich wie Edmund Husserl den psychologischen Akt des Wertens von dem logischen Gehalt des Bewerteten unterscheidet und dabei die Möglichkeit des ökonomischen Wertes auf die intersubjektive Struktur des wirtschaftlichen Tausches zurückführt, die ja eine grundsätzliche Vergleichbarkeit der dabei involvierten subjektiven Wertschätzungen zur Voraussetzung hat.³⁶

Im Anschluss an Rickert macht Simmel in diesem Zusammenhang den unaufhebbaren Gegensatz zwischen der ‚Wirklichkeit' und den ‚Werten' geltend, der sich zum einen auf die Annahme einer Nichtableitbarkeit von Werturteilen aus reinen Tatsachenfeststellungen bezieht. Zum anderen ist damit die Auffassung verbunden, dass den Werten eine eigene ‚logische' Qualität zukomme, die von den Begriffen und Kategorien des naturwissenschaftlichen Weltbildes strikt unterschieden werden müsse.³⁷ Denn während sich das naturwissenschaftliche Denken auf die „gleichgültige Notwendigkeit" der Dinge beziehe, die der ewigen Geltung

---

33 Zur Geschichte des ökonomischen Wertbegriffes, die Simmel hierbei vor Augen hat, siehe Rudolf Kaulla, Die geschichtliche Entwicklung der modernen Werttheorien, Tübingen 1906; vgl. hierzu ferner Klaus Lichtblau, Artikel „Wert / Preis", in: Historisches Wörterbuch der Philosophie, Band 12, Basel / Stuttgart 2005, Spalte 586–591.
34 Philosophie des Geldes, S. 12.
35 Vgl. Buch des Dankes an Georg Simmel, a. a. O., S. 94 f.
36 Siehe hierzu auch Edmund Husserl, Logische Untersuchungen, 3 Bände, Halle 1900–1901, bes. Band 1, Kapitel 3–8.
37 Simmel bezieht sich dabei insbesondere auf Heinrich Rickert, Die Grenzen der naturwissenschaftlichen Begriffsbildung. Eine logische Einleitung in die historischen Wissenschaften, 1. Hälfte, Freiburg i. Br. / Leipzig 1896 und 2. Hälfte, Tübingen / Leipzig 1902; vgl. ferner ders., Kulturwissenschaft und Naturwissenschaft, Freiburg i. Br. 1899.

von allgemeinen Gesetzmäßigkeiten unterworfen sind, unterstelle der Begriff des Wertes die Existenz einer „Rangordnung" zwischen den Dingen, die sich gemäß ihrem „inneren Bild" ergibt.[38] Der Bereich der natürlichen Welt und der der Werte stehen dabei in einem Verhältnis der „absoluten Zufälligkeit" zueinander, weil der Wert ein „Urphänomen" darstellt, das sich Simmel zufolge nicht weiter ableiten lässt. Wie die Kategorie des Seins beinhaltet der Begriff des Wertes also ebenfalls die ganze Welt von einem besonderen Gesichtspunkt aus gesehen und macht ihn für eine eigenständige Weltbildkonstruktion geeignet. Diese ist deshalb nicht mit dem naturwissenschaftlichen Weltbild identisch, weil sie sich auf die wertmäßigen Unterschiede zwischen den Dingen bezieht, wie sie in einem praktischen Urteil zum Ausdruck kommen.[39]

Wie kann jedoch die Auffassung, dass jeder Wertung ein subjektiver Charakter zukomme, mit der Annahme in Einklang gebracht werden, dass es eine in den Dingen selbst gelegene objektive ‚Anweisung' oder ‚Forderung' gebe, die auf eine Ordnung jenseits des Reichs der Willkür verweist? Es muss also eine Form des Wertes geben, die auf seine mögliche ‚Doppelstellung' innerhalb des Bereichs des Subjektiven und des Objektiven verweist und die Simmel am Beispiel des ökonomischen Wertes deutlich zu machen versucht. Ausgangspunkt seiner Rekonstruktion der Entstehung eines wirtschaftlichen Wertes ist eine entwicklungsgeschichtliche Rekonstruktion des zunehmenden Auseinandertretens zwischen den Subjekten und den Gegenständen des menschlichen Begehrens. Dieser Differenzierungsprozess ist die Voraussetzung für die Entstehung eines spezifisch ökonomischen Wertes. Kennzeichen hierfür ist, dass ein Gegenstand zum Objekt eines Begehrens wird, das untrennbar mit dem Begehren eines Anderen verbunden ist. Im Fall des ökonomischen Wertes ist das ‚Begehren' also nicht rein subjektiv, sondern ‚intersubjektiv', was seinen sozialen Charakter kennzeichnet.[40] Simmel macht diesen reziproken Prozess zwischen dem Begehren und dem Begehrt-Werden anhand einer einfachen Überlegung deutlich. Würden wir einen Gegenstand unmittelbar konsumieren, ohne ihn über den Umweg von Arbeits- und Austauschprozessen erlangt zu haben, kann im Grunde genommen nicht von einem wirtschaftlichen Wert gesprochen werden. Denn die Unmittelbarkeit der menschlichen Triebbefriedigung verschafft uns vielleicht einen augenblicklichen Genuss, nicht aber einen bleibenden ‚Wert', dem auch eine intersubjektiv geteilte Geltung zukommt. Die Entwicklung von ökonomischen ‚Bedürfnissen' ist insofern mit einem ‚Triebverzicht' identisch, in dem ein vorläufiger Aufschub der Bedürfnisbefriedigung sowie eine Distanzie-

---

38 Philosophie des Geldes, S. 23.
39 Ebd., S. 23 ff.
40 Ebd., S. 32 ff.

rung gegenüber dem begehrten Objekt zum Ausdruck kommt, wodurch dieses überhaupt erst zur möglichen Verkörperung eines wirtschaftlichen Wertes wird. Die Wertung als solche ist also von einer Distanzierung abhängig, vermittels der sich das menschliche ‚Begehren' als die zeitliche Differenz zwischen dem Wunsch und seiner späteren Erfüllung herausbildet. Erst diese Differenz ermöglicht uns die Wahrnehmung einer ‚Eigenbedeutung der Dinge', die nicht mit dem unmittelbaren Akt der Triebbefriedigung identisch ist. Insofern kann Simmel sagen, dass „der Wert eines Objekts zwar auf seinem Begehrtwerden beruht, aber auf einer Begehrung, die ihre absolute Triebhaftigkeit verloren hat"[41].

Um zu einem wirtschaftlichen Wert heranzureifen, muss diese Beziehung zwischen dem Begehren und dem Objekt der Begierde aber noch zwei weitere Bedingungen erfüllen. Zum einen muss dieses Objekt ein „Mittleres zwischen Seltenheit und Nichtseltenheit" darstellen, um überhaupt begehrt zu werden. Denn sowohl das prinzipiell Unerreichbare als auch das bereits in unserem eigenen Besitz Befindliche entzieht sich entweder aufgrund der unüberbrückbaren oder der fehlenden Distanz gegenüber dem erwünschten Objekt einer eigenständigen ökonomischen Wertschätzung. Dies beinhaltet eine „Schwelle des Wertes", wie sie unter anderem auch in Platons Bestimmung der Liebe als einem „mittleren Zustand zwischen Haben und Nichthaben" zum Ausdruck kommt. Denn der Sinn jener Distanzierung ist ja gerade der, dass sie überwunden werden muss, aber auch der, dass ihre Überwindung zugleich Mühen und insofern auch „Opfer" erforderlich macht, mit denen wir einen persönlichen Wert verbinden.[42] Und zum anderen muss sich diese Opferbereitschaft daran bemessen, ob wir überhaupt zu einem Verzicht des begehrten Objektes bereit sind. Denn dessen Seltenheit macht ja gerade jenes ‚Opfer' erforderlich, das mit seiner Erlangung in der Regel verbunden ist und das dieses für uns begehrenswert erscheinen lässt. Dieser persönliche Verzicht auf das begehrte Objekt ist innerhalb des Geltungsbereichs der Wirtschaft aber mit dem Akt des Tauschens identisch, da hier „der Inhalt des Opfers oder Verzichtes, der sich zwischen den Menschen und den Gegenständen seines Begehrens stellt, zugleich der Gegenstand des Begehrens eines Anderen ist"[43].

Der ökonomische Tausch zeichnet sich also dadurch aus, dass hierbei ein Wert eingesetzt werden muss, um einen anderen zu erlangen. Dadurch entsteht aber der äußere Eindruck, dass die Dinge selbst ihren Wert jeweils wechselseitig bestimmen würden. Diese beginnende ‚Objektivation' des wirtschaftlichen Wertes darf aber nicht mit einer vorgängigen Bestimmtheit des Wertes unabhängig von diesen

---

41 Ebd., S. 43.
42 Ebd., S. 44 ff.
43 Ebd., S. 52.

Tauschrelationen verwechselt werden, wie dies zum Beispiel in der marxistischen Arbeitswertlehre der Fall ist. Denn es ist Simmel zufolge der Tausch selbst, der den Dingen einen ökonomischen Wert verleiht. Dieser sei nicht mit unserem eigenen Begehren identisch, sondern mit dem Begehren des Begehrens eines Anderen, das den ‚mimetischen' Charakter jeder ökonomischen Wertbestimmung unterstreicht. Simmel bringt diese intersubjektive Struktur des wirtschaftlichen Wertes auch durch die Überlegung zum Ausdruck, dass hierbei im Grunde genommen ursprünglich rein subjektive ‚Begehrungs-Intensitäten' miteinander verglichen würden. Es sei insofern nicht die Idee eines ‚gerechten Tausches', welche die Menschen zu dieser ökonomischen Transaktion motiviert, sondern das Begehren eines anderen Begehrens, das durch den ‚aufopfernden Tausch' einer praktischen Gleichheitsforderung unterworfen wird. Nur dieses Wechselspiel von Haben und Nichthaben garantiere den intersubjektiven Charakter des wirtschaftlichen Wertes, der im Geld eine objektive Erscheinungsform annimmt, auch wenn diese selbst nicht unabhängig von jenem ursprünglichen Akt der Vergleichung und „Gegenseitigkeit des Sichaufwiegens"[44] möglich ist.

Insofern sei der Tausch genauso ‚produktiv' wie die die eigentliche ‚Produktion', da bei beiden ein ursprünglich rein subjektiver Wert eingesetzt werden müsse, um einen anderen Wert zu gewinnen. Darüber hinaus betrachtet Simmel den Tausch als eine elementare Form der Vergesellschaftung, die nicht auf den engeren Bereich des Ökonomischen beschränkt ist, sondern sehr viele soziale Wechselwirkungen zwischen den Menschen kennzeichnet. Als ‚reinste' Form der Vergesellschaftung umfasst der Tausch insofern eine Vielzahl von sozialen Phänomenen. Zu ihnen gehören auch scheinbar flüchtige und hingebungsvolle zwischenmenschliche Begegnungen wie der Blickkontakt, das Spiel und sogar die Liebe, die selbst als ein Prozess des Gebens und Nehmens beschrieben werden kann, der sich ebenfalls nicht der Logik des Tausches entzieht. Entscheidend dabei ist, dass in diesen sozialen Beziehungsformen insofern eine ‚Vergeistigung' stattfindet, als hierbei das Eine für das Andere eingesetzt wird und aus dem bisherigen „Nebeneinander der Dinge" ein „Mit- und Füreinander" in Gestalt eines Zwischenreichs von selbständiger Bedeutsamkeit entsteht, das die eigentliche Welt des Sozialen kennzeichnet.[45]

---

44 Ebd., S. 56.
45 Ebd., S. 60. Dies ist der Grund, warum Simmel unter anderem auch als Begründer der modernen soziologischen Austauschtheorie angesehen wird. Siehe hierzu Heinz-Jürgen Dahme, Soziologie als exakte Wissenschaft. Georg Simmels Ansatz und seine Bedeutung in der gegenwärtigen Soziologie. Teil I: Simmel im Urteil der Soziologie, Stuttgart 1980, S 179 ff.; vgl. ferner Aldo J. Haesler, „Grundelemente einer tauschtheoretischen Soziologie: Georg Simmel", in: Simmel Studies 10: 1 (2000), S. 6 ff.

Als „soziologisches Gebilde sui generis" verkörpert der Tausch insofern zum einen den relativen Charakter dieser Formen der Vergesellschaftung, die sich nur innerhalb dieses ewigen Spiels der einzelnen Wechselwirkungsformen zu einem selbständigen Gebilde zu kristallisieren vermögen. Zum anderen stellt der Tausch eine zentrale Erscheinungsform jener sozialen Beziehungen dar, „deren Bestehen eine Summe von Individuen zu einer sozialen Gruppe macht, weil ‚Gesellschaft' mit der Summe dieser Beziehungen identisch ist"[46]. Gleichwohl ist Wechselwirkung für Simmel der allgemeinere, Tausch dagegen der speziellere Begriff, der auch den Bereich der Wirtschaft als Spezialfall der „allgemeinen Lebensform des Tausches" miteinschließt. Im ökonomischen Austausch vollzieht sich also etwas, das Simmel als Eigenschaft von Vergesellschaftungsprozessen schlechthin ansieht und das es ihm ermöglicht, seiner *Philosophie des Geldes* zugleich den Status einer Metatheorie des Sozialen beziehungsweise einer Sozialphilosophie zuzusprechen, die einen logischen Aufschluss über die grundsätzliche Bedeutung der auf Tauschprozessen beruhenden Formen der Vergesellschaftung gibt.

Simmel spricht dem Tausch neben dieser allgemeinen gesellschaftstheoretischen Bedeutung aber noch eine weitere Eigenschaft zu, die sich auf die pazifistischen Auswirkungen einer entfalteten Geldwirtschaft bezieht. In seinen Augen stellt nämlich die Konkurrenz zwischen den Individuen um die begehrten Objekte kein Mechanismus dar, der sie voneinander trennt, sondern einer, der sie immer mehr miteinander verbindet. Der Bezug auf ein gemeinsames Drittes sei nämlich eine Form der „Synthese der Vergesellschaftung", in welcher der von Thomas Hobbes als ‚Naturzustand' beschriebene „Kampf Aller gegen Alle" in einen „Kampf aller um Alle" umschlage.[47] Zwar bestreitet Simmel nicht, dass die Konkurrenz auch unzählige Mühen verschiedener Personen bei der Erreichung desselben Ziels verursacht, die sich zum Teil wechselseitig zu blockieren scheinen. Gleichwohl stellt er diesem durch den Mechanismus der Konkurrenz bewirkten zusätzlichen Kraftaufwand jenen ‚Mehrwert' gegenüber, der sich durch den Bezug auf ein gemeinsames Drittes im Hinblick auf die gegenseitige Annäherung der einzelnen Kombattanten in psychologischer Hinsicht ergibt. Die dadurch ermöglichte Dezentralisierung der modernen Gesellschaft kompensiere also in vielerlei Hinsicht den Verlust jener Vorteile, die üblicherweise im Rahmen der „engen und naiven Solidarität" einfacherer Gemeinwesen gegeben sind. Überdies erreiche die ökonomische Konkurrenz zwischen den Individuen „unzählige Male, was sonst nur der

---

46 Philosophie des Geldes, S. 210.
47 Simmel, „Der Streit" [1908], GSG 11, S. 328. Siehe hierzu auch Thomas Hobbes, Leviathan (1651), übersetzt und hrsg. von J. P. Mayer. Nachwort von M. Disselhorst, Stuttgart 1974, S. 115 ff., auf den sich Simmel mit seinen diesbezüglichen Ausführungen bezieht.

Liebe gelingt: das Ausspähen der innersten Wünsche des Anderen, bevor sie ihm noch selbst bewußt geworden sind"[48].

Mit der zunehmenden gesellschaftlichen Institutionalisierung von ‚transindividuellen Objektivationen' wie dem Tausch vollzieht sich aber etwas, das man zugleich als eine immanente Selbstaufhebung des Mechanismus der Konkurrenz und des Streites in einer Welt der Mittelbarkeiten bezeichnen könnte, die sich zwischen die streitenden Individuen schiebt und ihnen ihren Platz innerhalb einer gemeinsam geteilten gesellschaftlichen Ordnung zuweist. Ähnlich wie die ‚Geselligkeit' stellt nämlich auch der ökonomische Tausch eine Verminderung des Streits und der Konkurrenz zugunsten einer friedfertigen Orientierung an jenen Regeln des Marktes dar, die neben ihren unbestreitbaren Passiva doch auch so etwas wie eine neue Qualität der Vergesellschaftung ermöglicht: „Je mehr die Werte in solche objektive Form übergehen, um so mehr Platz ist in ihnen, wie in Gottes Hause, für jede Seele. [...] Es ist von tieferer Bedeutung, [...] daß eben dies dem geschichtlichen Prozeß zu seinem vielleicht edelsten, veredelnsten Ergebnis verhilft, zu dem Aufbau einer Welt, die ohne Streit und gegenseitige Verdrängung aneignbar ist, zu Werten, deren Erwerb und Genuß seitens des einen den anderen nicht ausschließt, sondern tausendmal dem anderen den Weg zu dem gleichen öffnet."[49]

Der Entstehung des Geldes kommt in diesem Zusammenhang eine besondere Bedeutung bei der Überwindung der Gegensätze des realen Lebens zu. Als *coincidentia oppositorum* teilt es nicht nur eine grundlegende Eigenschaft mit der monotheistischen Gottesvorstellung des Judentums und des Christentums sowie des Islam. Denn als das gemeinsame Dritte aller Tauschoperationen ist es nämlich mit der „Entdeckung einer neuen Welt aus dem Material der alten" identisch, weil nun das jeweilige Maßverhältnis zwischen zwei verschiedenen Größen nicht mehr in einem unmittelbaren Vergleich derselben festgestellt werden muss, sondern über den ‚Umweg' einer dritten Größe angegeben werden kann, in Bezug auf die sich diese beiden Verhältnisse in quantitativer Hinsicht als gleich oder nicht gleich erweisen.[50] Das Geld misst also die Identität beziehungsweise Nichtidentität zweier Relationen, die auf einen gemeinsamen Wertmaßstab Bezug nehmen und diesen als das allgemeine Äquivalent der Warenökonomie bestätigen. Aufgrund dieser Objektivation des relationalen Charakters der ökonomischen Werte im Geld kann dann nachträglich der Eindruck entstehen, dass bereits dessen Tauschfunktion einen Wert darstellt, der sich einem scheinbar substantiellen Charakter des Geldes verdankt. Aus diesem Grund wird Simmel nicht müde darauf hinzuweisen, dass

---

48 „Der Streit", S. 328.
49 Philosophie des Geldes, S. 386.
50 Ebd., S. 162.

3 Tausch und Vergesellschaftung 29

dieser äußere Eindruck täuscht, da das Geld unabhängig von diesen einzelnen Wertrelationen an sich keinen Eigenwert besitze, sondern einen reinen Funktionswert im Sinne einer „Anweisung auf die Gesellschaft" darstelle, bei dem „der Name des Bezogenen nicht ausgefüllt ist" und deshalb „die Prägung die Stelle des Akzeptes vertritt"[51]. Als „Wechsel" auf die Gesellschaftlichkeit des Tausches verkörpere das Geld insofern eine „substanzgewordene Sozialfunktion", deren Symbolik den rein intellektuellen und relationalen Charakter solcher Vergleichungen unterstreicht.[52] Es bewirke ferner eine zunehmende Differenzierung und Intellektualisierung des gesellschaftlichen Lebens innerhalb einer entfalteten Warenökonomie, die in ihm ihre adäquate Ausdrucksgestalt gefunden haben. Das Geld gehört Simmel zufolge also zu jenen großen ‚Potenzen', vermittels denen die alte Welt aus den Angeln gehoben wird und einem Kosmos von ‚reinen Formen' beziehungsweise ‚Kategorien' freimacht, denen man nicht mehr ihre Herkunft aus elementaren Prozessen der Wechselwirkung ansieht.[53]

Die ‚Übersinnlichkeit' des Geldes, die sich mit seiner Symbolik verbindet, verleiht ihm darüber hinaus den Schein einer Überzeitlichkeit und damit verbundenen ‚Unendlichkeit', was den Eindruck erweckt, dass sich deren sachliche Bedeutung von den historisch-genetischen Voraussetzungen seiner Funktionsweise losgelöst hat. Als Trugbild der Moderne verkörpert es mithin die reinste Form der gesellschaftlichen Wechselwirkung, die in ihm ihren vorläufigen entwicklungsgeschichtlichen Höhepunkt gefunden hat. Dies ist auch der Grund, warum Simmel dem Geld eine philosophische Bedeutung zuspricht, die es zum Ausgangspunkt einer entsprechenden Weltbildkonstruktion tauglich erscheinen lässt. Als „reine Form der Tauschbarkeit" beinhaltet es nämlich nicht nur eine folgenschwere Verkehrung des Verhältnisses zwischen der natürlichen und der sozialen Welt, die Marx mit der Diagnose einer Ausschaltung des Gebrauchswertes der Waren zugunsten ihres reinen Tauschwertes entfremdungstheoretisch zum Ausdruck brachte, auf die Simmel ausdrücklich verweist.[54] Das Geld stellt darüber hinaus eine Bestätigung des ‚relativen' Charakters der modernen Welt dar. Seine philosophische Bedeutung ist darin begründet, „daß es innerhalb der praktischen Welt die entschiedenste Sicht-

---

51 Ebd., S. 213.
52 Ebd., S. 209.
53 Siehe hierzu auch die entsprechenden Ausführungen über die ‚religiöse Form' beziehungsweise das ‚religiöse Apriori' im achten Kapitel der vorliegenden Einführung in Simmels Werk.
54 Philosophie des Geldes, S. 138. Vgl. Karl Marx, Das Kapital. Kritik der politischen Ökonomie, Band 1 (1867), in: Karl Marx und Friedrich Engels, Werke, Band 23, Berlin 1970, besonders S. 85 ff.

barkeit, die deutlichste Wirklichkeit der Formel des allgemeinen Seins ist, nach der die Dinge ihren Sinn aneinander finden und die Gegenseitigkeit der Verhältnisse, in denen sie schweben, ihr Sein und Sosein ausmacht"[55]. Wirklich ‚absolut' ist innerhalb des modernen Zeitalters also nur noch das Relative selbst sowie das ihm zugrundeliegende Prinzip der ‚Wechselwirkung'. Diese allgemeine Relativität der Welt lässt sich an einer Vielzahl von Erscheinungen in einem zeitdiagnostischen Sinne aufzeigen. Ihnen hat Simmel nicht nur in seiner *Philosophie des Geldes*, sondern auch in zahlreichen essayistischen Einzeluntersuchungen eine besondere Aufmerksamkeit gewidmet, denen wir uns in den folgenden Kapiteln zuwenden werden. Darüber hinaus steht das Geld für eine allgemeine Tendenz innerhalb der modernen Kulturentwicklung, die Simmel als Auflösung des vormals Substanziellen in „freischwebende Prozesse" beschreibt, bei denen der Eindruck entsteht, als habe die durch sie geprägte Moderne jede Bodenständigkeit verloren.[56] Die zunehmende Beschleunigung aller Lebensvollzüge ist mithin Korrelat einer prinzipiell in Bewegung befindlichen Welt, die innerhalb der ständigen Zirkulation des Geldes ihre wirtschaftliche Grundlage besitzt, jedoch keinesfalls auf diesen scheinbar rein ökonomischen Sachverhalt reduziert werden darf. Denn die für das moderne Zeitalter typische Jagd nach dem Geld ist nur eine Bestätigung dafür, dass aufgrund dieser „Fleischwerdung" einer reinen Sozialfunktion es zumindest auf der Erde zum eigentlichen Gott geworden ist.[57] Seine ‚Allmacht' als allgemeines Wertäquivalent verdankt sich dabei einer weit verbreiteten Kulturtendenz, die Simmel zufolge darin besteht, dass bei solchen ‚freischwebenden Prozessen' keine Fixpunkte mehr gefunden werden können, die es möglich machen, sich den ständigen Veränderungen innerhalb der modernen Welt wenigstens für einen Augenblick lang zu entziehen. Das menschliche Bedürfnis nach derartigen Ruhepunkten ist vielmehr die Kehrseite davon, dass sich ohnedies alles in Bewegung befindet und dass dieses Bedürfnis aufgrund der damit verbundenen Reizüberflutung insofern zwar psychologisch verständlich ist, bei seiner Befriedigung gleichwohl auf enge Grenzen stößt. Denn eine der zentralen Paradoxien der Moderne besteht darin, dass sie den Menschen auf der Suche nach dem vermeintlich Absoluten ständig zur ‚Reise' zwingt und in dieser nomadischen Existenzform auch innerhalb des

---

55 Philosophie des Geldes, S. 136.
56 Ebd., S. 199 ff.
57 Ebd., S. 307. Siehe hierzu auch Werner Jung, „Vom Tempo und den Moden. Kultur- und gesellschaftskritische Aspekte in Georg Simmels Philosophie des Geldes", in: Jahrbuch der Internationalen Georg-Lukács-Gesellschaft, Bern 1998, S. 171 ff.; vgl. ferner Christoph Deutschmann, „Geld als ‚absolutes Mittel'. Zur Aktualität von Simmels Geldtheorie", in: Berliner Journal für Soziologie 10: 3 (2000), S. 301 ff.

3 Tausch und Vergesellschaftung

alltäglichen Lebens einen adäquaten Ausdruck gefunden hat. Eine Ästhetik des modernen Lebens, die mehr sein will als eine zufällige Bestandsaufnahme solcher flüchtigen Erscheinungsformen, wird also dem fundamentalen Charakter jener ‚zeitlosen' Form der Bewegung Rechnung tragen müssen, die Simmel am Beispiel der Zirkulation des Geldes als epochale Eigenart der Moderne beschrieben hat und die zugleich auf eine grundlegende Antinomie verweist, die nicht nur unser philosophisches Weltbild, sondern auch unser praktisches Leben kennzeichnet.

Der Stil des modernen Lebens 4

Simmel interessiert sich bereits zu Beginn seiner akademischen Laufbahn für den eigenartigen Status von Übergangszeiten und die damit verbundene dualistische Struktur der Weltanschauung solcher Epochen. Der historische Gegensatz zwischen dem Alten und dem Neuen fasziniert ihn nicht nur aufgrund seiner alles beherrschenden Ausstrahlungskraft bis in die entlegensten Kulturbereiche, sondern auch aufgrund der eigenartigen Vermischung zwischen den gegensätzlichen Geistesströmungen. Denn diese besitzt gegenüber dem eher geschlossen wirkenden Charakter homogener Kulturzeitalter ihrerseits einen eigenartigen Reiz, der Simmels persönlicher Vorliebe für das scheinbar Absonderliche und Paradoxe entgegenkommt.[58] Bereits früh sieht er diese Eigenschaft des Vergänglichen und des Transitorischen auch als Wesensmerkmal seiner eigenen Epoche an. Nur verbindet er mit dieser Diagnose keinen historischen oder gar prognostischen Anspruch, da in der ‚Moderne' die eigentliche historische Zeit ohnehin zum Stillstand gekommen zu sein scheint. Seine an den ‚zeitlosen' Bewegungsformen des Geldes und der Mode orientierte Kulturanalysen verfolgen vielmehr die Absicht, den für die ‚Modernität' charakteristischen alltäglichen Phänomenen eine bleibende Bedeutung abzugewinnen. Diese meist in einer essayistischen Form veröffentlichten Kulturanalysen haben deshalb nicht die historische Entstehung, sondern die logische Struktur und den sachlichen Gehalt der kulturellen Manifestationen des modernen Zeitalters zum Gegenstand.

Dieser Bedeutungsverlust der historischen Dimension in Simmels Gegenwartsanalyse geht zugleich mit einer Aufwertung des Ästhetischen einher, die seinen kulturtheoretischen Schriften einen eigenartigen ästhetischen Reiz verleiht, der nicht nur viele Bewunderer und Nachahmer, sondern auch zahlreiche Kritiker gefunden hat. Diese warfen ihm nämlich vor dem Hintergrund ihrer eigenen po-

---

58 Vgl. Simmel, „Dantes Psychologie" [1884], GSG 1, S. 91 ff.

litischen Bewegtheit vor, das schwierige Geschäft der Gesellschaftsanalyse durch eine Kulturessayistik ersetzt zu haben, die scheinbar in der Lage ist, in einem eher ‚oberflächlich' zu nennenden Sinne an Allem und Jedem den bereits vorab getroffenen epochalen Befund bestätigt zu finden. Mit Nietzsche teilt Simmel allerdings die Auffassung, dass eine solche ‚Kultur der Oberfläche' nicht nur einen Wesenszug des von ihm beschriebenen Zeitalters darstellt, sondern dass auch eine essayistische Form der Kulturanalyse mehr über ihren Gegenstand auszusagen vermag als eine in vermeintlichem Tiefsinn schwelgende und unmittelbar auf das Ganze der Gesellschaft bezogene ‚dialektische' Betrachtungsweise. Die damit verbundene Rehabilitierung des Alltäglichen und der ‚kleinsten Differenz' hat dabei dem philosophischen Denken nach dem Zusammenbruch der großen idealistischen Systeme wieder einen Bereich der menschlichen Existenz zugänglich gemacht, dem sich bereits die französischen Moralisten zu Beginn der europäischen Neuzeit gewidmet haben und der in der modernen Existenzphilosophie erneut als theoriefähig angesehen worden ist.

Die in Simmels Kulturanalysen bevorzugte Form des Essays trägt diesem fragmentarischen Charakter der modernen Wirklichkeitserfahrung auch in einem literarischen Sinne Rechnung. Denn der Essay beansprucht keine Deutung der Wirklichkeit aus einem Guss. Vielmehr versucht er den vielfältigen Schattierungen seines Gegenstandes durch ein beständiges Umkreisen der möglichen Bedeutungen von verschiedenen kulturellen Objektivationen gerecht zu werden, um ihre formale Struktur zu ermitteln, die auch Auskunft über die in ihnen zum Ausdruck kommenden Prozessen der Vergesellschaftung zu geben vermag. Simmels Werk kann man deshalb keiner einzelnen der zu seiner Zeit vorherrschenden Kunstrichtungen zuordnen. Vielmehr setzt er sich in seinen Schriften intensiv mit den repräsentativen Kunstrichtungen seiner Epoche auseinander und versucht alle zeitgenössischen ästhetischen Strömungen wie den Impressionismus, den Jugendstil, den Symbolismus und den Expressionismus für seine Arbeiten fruchtbar zu machen. Seine Anerkennung dieses ästhetischen Pluralismus und der damit verbundenen ‚Vielheit der Stile' trägt insofern jener ‚Wechsel- und Gegensatzform des Lebens' Rechnung, die er als allgemeines Kennzeichen des modernen Zeitalters ansieht und am Beispiel der Mode in einer beeindruckenden Art und Weise analysiert.

Das 1896 noch als ‚soziologische Ästhetik' angekündigte Projekt einer kulturtheoretisch orientierten Gegenwartsanalyse, wie er sie später in seiner *Philosophie des Geldes* zur Meisterschaft entwickelt, bezieht sich dabei auf den für die moderne Kultur charakteristischen Gegensatz zwischen einer individualistischen und einer sozialistischen Entwicklungstendenz, den Simmel bereits vor der Jahrhundertwende in seinen soziologischen Untersuchungen festgestellt hat. Denn auch in der Ästhetik sieht Simmel den Gegensatz zwischen einem ‚ästhetischen Individualismus' und einem ‚ästhetischen Pantheismus' wirksam werden. In ihm stehen die prinzipielle Anerkennung einer ästhetischen Gleichwertigkeit aller Erscheinungen einerseits und die Auffassung bezüglich einer notwendig ‚aristokratischen', eher auf die Geschlossenheit und die Distanz des einzelnen Kunstwerks gegenüber seiner Umwelt verweisenden ästhetischen Empfindungsweise andererseits im Widerspruch zueinander. Simmel versucht deshalb zu zeigen, dass sich eine entsprechende „Idee der Versöhnung" daran bemessen müsse, in welchem Ausmaß sie diesem grundsätzlichen Konflikt Rechnung zu tragen vermag und dabei den Nachweis zu erbringen in der Lage ist, wie sich diese Extreme „in einer Gattung von Wesen, ja, in jeder einzelnen Seele fortwährend begegnen und bekämpfen"[59].

Dieser sich im Nebeneinander der ‚großen', das heißt klassischen Kunst einerseits und der modernen Alltagsästhetik andererseits niederschlagende Gegensatz zwischen Individualisierung und Vergesellschaftung ist der eigentliche Grund, warum Simmel dem Bereich des Ästhetischen einen hohen Stellenwert im Rahmen seiner Gegenwartsanalyse zuspricht. Denn seine philosophische und ästhetische Theorie der Moderne ist vor dem Hintergrund eines ‚klassischen' Kunstideals zu sehen, dem zufolge sich die eigentliche Kunst durch ihre ‚zeitlose' Bedeutung auszeichnet. Der Gegensatz zwischen dem ‚Vergänglichen' und dem ‚Bleibenden' hat insofern Eingang in Simmels Diagnose der Moderne gefunden, als Simmel auch in der ständigen Zirkulation des Geldes die paradoxe Form einer ‚zeitlosen Bewegung' gegeben sieht. Die zentrale Stellung dieses Bewegungsmotivs in Simmels Werk verbindet die der *Philosophie des Geldes* zugrundeliegende Zeitdiagnose mit Simmels verschiedenen Einzeluntersuchungen über die Ästhetik des modernen Lebens. Es ist insofern eine ästhetische Grundüberzeugung, die ihn dazu motiviert, seine Theorie der Moderne in Gestalt einer ‚Philosophie' des Geldes vorzutragen. Denn ihm zufolge lässt sich der Gegensatz zwischen den modernen Denkströmungen und Lebensformen nur noch in Gestalt von entsprechenden ‚Symbolen' und ‚Analogien' veranschaulichen, aber nicht mehr in Gestalt einer systematischen Theorie auf einen ‚Begriff' bringen.[60]

Simmels Untersuchungen über den Stil des modernen Lebens liegt dabei die Überzeugung zugrunde, dass sich sowohl der Bereich des Sinnlichen als auch der des Intelligiblen durch die jeweils andere Sphäre ‚symbolisieren' lassen.[61] Dieser in einer

---

59 Simmel, „Soziologische Aesthetik" [1896], GSG 5, S. 201.
60 Jahrzehnte später hat man in dieser Feststellung die eigentliche ‚condition moderne' gesehen und dabei vorschnell den Beginn eines ‚postmodernen Zeitalters' deklariert. Siehe als prominentestes Beispiel hierfür Jean-François Lyotard, Das postmoderne Wissen. Ein Bericht, hrsg. von Peter Engelmann, Wien 1986.
61 Philosophie des Geldes, S. 655 ff.

alten ästhetischen und hermeneutischen Tradition stehende Symbolismus verleiht seinen diesbezüglichen Schriften einen ‚ästhetischen' Charakter, der allerdings nicht mit der Beliebigkeit einer persönlichen Stilnote verwechselt werden darf. Denn Simmels Gebrauch von ästhetischen Kategorien und entsprechenden literarischen Darstellungsformen verdankt sich der Eigenart seines Untersuchungsgegenstandes, dem er nicht zufällig eine ästhetische Qualität zuspricht. Diese verweist auf eine spezifische Form der ‚Zeitlosigkeit' beziehungsweise ‚Gleichzeitigkeit', die Simmel als Kennzeichen der ‚Moderne' ansieht.

Die Annahme, dass sein eigenes Zeitalter durch einen spezifischen ästhetischen Charakter gekennzeichnet sei, kommt bereits in Simmels Auseinandersetzung mit dem sogenannten ‚Rembrandt-Deutschen' Julius Langbehn zum Ausdruck. Diesem wirft er die Propagierung einer veralteten, nur auf die große klassische deutsche und niederländische Kunst bezogene künstlerische Weltanschauung vor. Simmel tritt zu diesem Zeitpunkt dagegen noch für eine neue, sich ursprünglich dem Naturalismus verpflichtet fühlende Form von ‚Wirklichkeitspoesie' ein, welche auf die „in der Wirklichkeit selbst liegenden poetischen Elemente" abzielt. Zwar sei innerhalb der Moderne nicht mehr der einzelne Mensch ein „abgerundetes Ganzes", wohl aber die Gesellschaft selbst durch die Art des Zusammenwirkens ihrer Glieder. Auch wenn sie sich einer einheitlichen theoretischen Deutung notwendig entzieht, biete sie immerhin die Möglichkeit einer ästhetischen Beschreibung, die dieser neuen Art von Wirklichkeitserfahrung Rechnung zu tragen vermag.[62]

In der Folgezeit versucht Simmel, diesen spezifischen ästhetischen Charakter der Moderne an den verschiedenen Erscheinungsformen des modernen Kunstgewerbes sowie einer entsprechenden Stilisierung der persönlichen Lebensführung aufzuzeigen. Bereits im selben Jahr, in dem seine Langbehn-Kritik erscheint, veröffentlicht er auch einen Aufsatz über moderne Kunstausstellungen, in deren zunehmenden Beliebtheit und raschen Aufeinanderfolge er ein ‚Sinnbild' für die ständigen Veränderungen in der modernen Kunst sowie den für sein Zeitalter charakteristischen Gegensatz zwischen dem Individuum und der Masse zum Ausdruck kommen sieht. Denn wie der einzelne Mensch in der Hektik der modernen Großstadt unterzugehen

---

62 Simmel, „Rembrandt als Erzieher" [1890], GSG 1, S. 232 ff. Simmel bezieht sich bei dieser Kritik auf die gleichnamige, ursprünglich anonym erschienene Streitschrift von Julius Langbehn, die in den 1890er Jahren sehr hohe Auflagen erzielte und zusammen mit der ebenfalls um 1890 einsetzenden Nietzsche-Rezeption in Deutschland damals das Medienereignis schlechthin gewesen ist. Zu Langbehns Stellung innerhalb der kulturkritischen Strömungen der Jahrhundertwende siehe auch die einschlägige Untersuchung von Bernd Behrendt, Zwischen Paradox und Paralogismus. Weltanschauliche Grundzüge einer Kulturkritik in den neunziger Jahren des 19. Jahrhunderts am Beispiel August Julius Langbehn, Frankfurt am Main / Bern / New York / Nancy 1984.

drohe, verliere auch das Kunstwerk innerhalb einer auf die Monumentalität der Ausstellung bezogenen Kunstpräsentation seinen ‚auratischen' Charakter, da nun die Originalität des Einzelnen an die der Gruppe übergegangen sei. Zwar bedürfe gerade die Arbeitsteilung zwischen den einzelnen Künsten und Künstlern heute einer neuen Form des „Zusammenführens des Verschiedenartigen" in Gestalt der modernen Kunstausstellungen. Gleichwohl fördere diese Art von Vermarktung der künstlerischen Produktion nur die Blasiertheit und Oberflächlichkeit als die größten Übel des modernen Kunstempfindens. Der permanente Wechsel der Reize, die solche wandernden Kunstausstellungen darstellen, sei das Korrelat einer „Überreizung der Nerven", die schließlich in eine Überempfindlichkeit, ja sogar Unempfindlichkeit gegenüber dem Neuen umzuschlagen drohe, was den Bedarf an neuen Reizen und Animationen noch steigere. Insofern seien die modernen Kunstausstellungen ein „Miniaturbild unserer Geistesströmungen" und das „Symbol einer Übergangszeit", die in ihnen eine adäquate ästhetische Form gefunden habe.[63]

Einige Jahre später ergänzt Simmel diese Beobachtung mit der Feststellung, dass auch innerhalb der industriellen Produktion die zunehmende Spezialisierung mit einem „immer rascheren und bunteren Wechsel der Erregungen" im Bereich der Konsumtion einhergehe und dass durch diese neue „Schaufenster-Qualität der Dinge" nicht nur ein beziehungsloses Nebeneinander der Objekte, sondern zugleich die lebhaftesten Wechselwirkungen zwischen den einzelnen „Unterschiedsreizen" gefördert würden. Gerade die moderne Ausstellungsarchitektur führe zu einem spezifisch neuen Stil, der sich dem bisherigen wilhelminischen „Monumentalstil" entgegensetze und so auf eine zeitliche Paradoxie verweise, welche die eigentliche Signatur der Moderne kennzeichne: „Wenn es sonst der Sinn aller Kunst ist, an vergänglichem Materiale die Ewigkeit der Formen zu verkörpern, wenn gerade in der Baukunst sonst das Ideal der Dauer zur Verwirklichung und zum Ausdruck strebt – so formt hier der Reiz und Duft des Vergänglichen einen eigenen Stil, und, um so charakteristischer, aus einem Material, das doch wieder auf nicht beschränkte Dauer angelegt scheint."[64]

Mit der Verwendung des aus der Kunstgeschichte entnommenen Begriffs ‚Stil' innerhalb seiner Gegenwartsanalyse unternimmt Simmel einen entscheidenden Schritt in Richtung auf eine kulturwissenschaftliche Anwendung von ästhetischen Kategorien, wie sie heute in der internationalen kulturtheoretischen Diskussion zum unverzichtbaren Bestandteil der Forschung geworden ist und auch in der zeitgenössischen Soziologie inzwischen als selbstverständlich gilt. Entscheidend für Simmels Rückgriff auf genuin ästhetische Kategorien bei seinen Essays ist die Annahme, dass

---

63 Simmel, „Ueber Kunstausstellungen" [1890], GSG 17, S. 242 ff.
64 Simmel, „Berliner Gewerbe-Ausstellung" [1896], ebd., S. 36.

diese nur dann in der Lage seien, der modernen Wirklichkeitserfahrung Rechnung zu tragen, wenn sie sich nicht auf eine Betrachtung der eigenartigen Stellung des autonomen Kunstwerks innerhalb der Gesellschaft beschränken, sondern auch die im alltäglichen Leben zum Ausdruck kommenden ästhetischen Gestaltungsprinzipien berücksichtigen. Die zeitgenössische Entwicklung innerhalb des Kunstgewerbes zeige nämlich, dass der aus der Kunstgeschichte entnommene Begriff des Ästhetischen nicht mehr umstandslos auf die alltäglichen Erscheinungsformen des modernen Lebens übertragen werden kann. Denn während das ‚selbstgenügsame' Kunstwerk eine Welt für sich beinhalte, die jede Überschreitung ihres ‚Rahmens' verbiete, seien die Produkte des Kunstgewerbes nicht nur durch eine ästhetische Qualität gekennzeichnet, sondern auch durch einen spezifischen Gebrauchszweck, vermittels dem sie zugleich in den Dienst eines praktischen Anliegens gestellt werden können. Das Kunstwerk stellt also „etwas für sich" dar, während die Produkte des Kunstgewerbes auch „etwas für uns" leisten.[65] Eine entsprechende unterschiedliche Bedeutung kennzeichnet demzufolge auch den jeweils auf sie bezogenen Stilbegriff. ‚Stil' komme einem Kunstwerk nämlich nur durch die individuelle Eigenschaft einer großen Künstlerpersönlichkeit zu. Dagegen bezeichne der ‚Stil' im Bereich des Kunstgewerbes ein allgemeines ästhetisches Gestaltungsprinzip, das die Möglichkeit seiner beliebigen Reproduzierbarkeit beinhaltet.[66] Der „selbstherrlichen Geschlossenheit" und „Einzigkeit" des großen Kunstwerkes trete also innerhalb der Ästhetik des modernen Lebens ein „allgemeines Formgesetz" gegenüber, das die künstlerische Stilisierung eines Objektes mit seiner Brauchbarkeit und Zweckmäßigkeit für die alltägliche Lebensführung verbinde: „Statt des Charakters der Individualität soll es den Charakter des Stiles haben, der breiteren Allgemeinheit [...] und es vertritt damit innerhalb der ästhetischen Sphäre ein anderes, aber kein minderwertiges Lebensprinzip als die eigentliche Kunst."[67]

Das moderne Bedürfnis nach einer Stilisierung der persönlichen Lebensführung, das Simmel in den Mittelpunkt seiner Gegenwartsanalysen stellt, entspricht dabei einer gesteigerten Erscheinungsform des Subjektivismus, der im Bedeutungsverlust der Traditionen, dem Schwinden der Überzeugungskraft der überlieferten großen Weltanschauungen und in einem vielfältigen Angebot an neuen kulturellen Selbstverwirklichungsmöglichkeiten seinen Niederschlag findet. Die dadurch bedingte Vielheit der Stile ist zugleich die Voraussetzung dafür, dass der ‚Stil' als solcher zu einer die gesamte Lebensführung bestimmenden Kraft werden kann. Denn erst vermittels der Differenzierung der Stile wird dieser selbst zu etwas Objektivem,

---

65 Simmel, „Der Bildrahmen. Ein ästhetischer Versuch" [1902], GSG 7, S. 104.
66 Simmel, „Exkurs über den Schmuck" [1908], GSG 11, S. 418.
67 Simmel, „Das Problem des Stiles" [1908], GSG 8, S. 380.

dessen Gültigkeit sich der beliebigen Verfügbarkeit durch den einzelnen Menschen entzieht und das in der Lage ist, die verschiedensten Inhalte des modernen Lebens der Herrschaft eines einheitlichen Formprinzips zu unterstellen.[68]

Diese Einschränkung der stilistischen Beliebigkeit zugunsten einer Vorherrschaft der strengen Form ist aber die Kehrseite davon, dass das moderne Individuum offensichtlich nicht mehr in der Lage ist, aus einem eigenen Persönlichkeitsentwurf heraus sein Leben zu gestalten, der es unverwechselbar auf seine eigenen Fähigkeiten und Möglichkeiten verpflichtet. Die zunehmenden Wahlmöglichkeiten, die ihm die moderne Kultur bietet, stellen vielmehr eine Überforderung dar, welche die Suche nach einem Halt in strengen formalen Vorgaben der Lebensführung motiviert. Die ästhetische Gestaltung der eigenen Lebensführung stellt also die Folge eines Bedeutungsschwundes von allgemeinverbindlichen ethischen und moralischen Überzeugungen und Wertvorstellungen dar, die in traditionellen Gesellschaften dem Einzelnen noch seinen Platz innerhalb einer intakten Gemeinschaft zugewiesen haben. Die dadurch bewirkte Zunahme der persönlichen Freiheit bedarf insofern einer zeitgemäßen Form der Einschränkung der Beliebigkeit, die Simmel durch die Möglichkeit von ästhetischen Stilisierungsprinzipien gegeben sieht: „Was den modernen Menschen so stark zum Stil treibt, ist die Entlastung und Verhüllung des Persönlichen, das das Wesen des Stiles ist. Der Subjektivismus und die Individualität hat sich bis zum Umbrechen zugespitzt, und die in den stilisierten Formgebungen, von denen des Benehmens bis zur Wohnungseinrichtung, liegt eine Milderung und Abtönung dieser akuten Personalität zu einem Allgemeinen und seinem Gesetz. Es ist, als ob das Ich sich doch nicht mehr allein tragen könnte. [...] Die stilisierte Aeußerung, Lebensform, Geschmack – alles dies sind Schranken und Distanzierungen, an denen der exaggerierte Subjektivismus der Zeit ein Gegengewicht und eine Hülle findet."[69]

Entsprechende alltagsästhetische Formen der Stilisierung verdeutlicht Simmel nicht nur an den einzelnen Produkten des Kunstgewerbes wie zum Beispiel dem Schmuck, sondern auch an spezifischen Erscheinungsformen des modernen Lebens wie der Großstadt, der Mode, dem Abenteuer sowie der Geselligkeit und der Koketterie. Insbesondere die Mode hat dabei seine Aufmerksamkeit auf sich gezogen, da sie in idealer Weise einen Wesenszug der Moderne unterstreicht. Denn als „Wechsel- und Gegensatzform des Lebens" befriedige sie zum einen das menschliche Bedürfnis nach persönlicher Unterscheidung und sozialer Abgrenzung; zum anderen entspreche sie einer egalitären Tendenz, die sich im Bedürfnis der Nachahmung und dem Zugehörigkeitsgefühl zu einer sozialen Gruppe niederschlage.

---

68 Philosophie des Geldes, S. 641 f.
69 Ebd., S. 382.

Indem die Mode dieses „Abscheidungsmoment" mit dem „Nachahmungsmoment" kombiniere und in einem einheitlichen sich Verhalten zusammenzufassen in der Lage sei, trage sie in Form einer alltagsästhetischen Stilisierung dem Gegensatz zwischen Individualisierung und Vergesellschaftung Rechnung, wie er für das moderne Zeitalter charakteristisch sei.[70] Indem sie den Reiz des Neuen an einer äußerst vergänglichen Erscheinungsform zu befriedigen versucht, verkörpere sie darüber hinaus einen Indifferenzpunkt von Vergangenheit und Zukunft, da die Nachahmung einer neuen Mode immer mit ihrer massenhaften Verbreitung und damit ihrer ständigen Selbstaufhebung einhergeht.

Dieser Selbstwiderspruch der Mode ist der Grund, warum sie ein intensives „Gegenwartsgefühl" zu vermitteln in der Lage ist. Denn bei ihr komme es nicht mehr auf die Beständigkeit, sondern auf den beschleunigten Wechsel der einzelnen Moden an. Dieser nehme dabei die Form einer ewigen Wiederkehr des Gleichen an, der in der Logik der modernen Warenökonomie seine wirtschaftliche Grundlage besitze. Die damit verbundene Ungeduld und Unrast des modernen Lebens gehe darüber hinaus mit einer Zunahme der Reizüberflutung und der Nervosität einher, die auch von vielen Zeitgenossen Simmels beobachtet worden ist und die Simmel als das eigentliche Kennzeichen seiner Epoche ansieht: „Der Wechsel der Mode zeigt das Maß der Abgestumpftheit der Nervenreize an; je nervöser ein Zeitalter ist, desto rascher werden seine Moden wechseln, weil das Bedürfnis nach Unterschiedsreizen, einer der wesentlichen Träger aller Mode, mit der Erschlaffung der Nervenenergien Hand in Hand geht."[71]

Diese noch ‚unerlöste' Form des Gegensatzes zwischen dem Individuellen und dem Allgemeinen, die im modischen sich Verhalten einen adäquaten Ausdruck gefunden hat, stelle einen Kampfplatz des ‚Für-sich-seins' und des ‚Für-andere-seins' dar, in dem sich die Objektivität des Lebensstils als die einzig mögliche Art geltend mache, ein nicht durch die Zufälligkeit seines subjektiven Beliebens bestimmtes Verhältnis zu den Dingen herzustellen. Die durch das moderne großstädtische Leben verursachte Überreizung der Nerven sei vielmehr verantwortlich dafür, dass der einzelne Mensch nur noch aus der Distanz heraus eine Beziehung zu seinen Mitmenschen und den ihn umgebenden Gegenständen des alltäglichen Lebens herzustellen vermag. Simmel sieht den von seinen Zeitgenossen empfundenen „Reiz des Fragmentes, der bloßen Andeutung, des Aphorismus, des Symbols, der unentwickelten Kunststile" darin gegeben, dass der moderne Mensch nur noch in Gestalt einer „Berührungsangst" ein Verhältnis zu seiner Umwelt herzustellen

---

70 Simmel, „Die Mode" [1911], GSG 14, S. 186 ff.
71 Ebd., S. 33.

vermag. Er sei insofern eher in der Lage anzugeben, was ihm missfällt und wovon er sich abgrenzt, als das, was ihm zusagt und auch persönlich gefällt.[72]

In dieser Hinsicht erweist sich die Geldwirtschaft als das eigentliche ‚Paradigma' der Moderne, da gerade das Geld es dem Menschen erlaubt, eine innere Schranke und Distanz zwischen sich und den Gegenständen seines Begehrens aufzubauen, die zugleich einen wirksamen Schutz vor einer intensiveren Form des zwischenmenschlichen Verkehrs ermöglichen. Was der moderne Mensch so an Nähe und Intimität verliert, versucht er nun auf dem Umweg über die Ferne in einer für ihn erträglichen Form des Kontaktes zur Welt wieder zu kompensieren. Der Reiz des Entlegenen, Vergangenen und Exotischen, der bereits um 1900 einer ganzen Kulturindustrie den Weg geebnet hat, ist insofern ein Ausdruck dafür, dass dem modernen Menschen die eigene Gegenwart immer unerträglicher zu werden scheint und deshalb eine Vielzahl von Fluchterscheinungen gegenüber der ihn umgebenden Wirklichkeit begünstigt werden. Simmel erwähnt in diesem Zusammenhang sowohl die ‚romantische' Einstellung zur Natur als auch die zahlreichen Versuche einer Aneignung von fremden Kulturinhalten sowie die dekorative Vergegenwärtigung des Formenreichtums der eigenen kulturellen Überlieferung, wie sie um 1900 in einem wild grassierenden Historismus innerhalb der Architektur und der Gestaltung des häuslichen Interieurs ihren Niederschlag gefunden hat. Denn je mehr das großstädtische Leben den Menschen von seinen Wurzeln abzuschneiden begann, umso mehr musste nun die ‚Natur' die Bedeutung eines ihm fremd gewordenen und die Gestalt eines ihn aufgrund ihrer Ferne und Erhabenheit magisch anziehenden ‚Paradieses' annehmen, das auch die Phantasie der modernen Landschaftsmalerei herausgefordert hat, die sich zu dieser Zeit einer besonderen Beliebtheit zu erfreuen begann.[73] Und der Hang zur künstlerischen Verarbeitung von mythologischen Motiven und Gestalten aus der eigenen Geschichte sowie die museale Vergegenwärtigung von Zeugnissen fremder kultureller Überlieferungen stellen ihrerseits einen Versuch dar, aus einer rein auf die Gegenwart bezogenen Bewusstseinslage auszubrechen und sich vermittels der spezifischen ‚Variabilität" und „Biegsamkeit der Seele" beliebig viele Kulturinhalte zu vergegenwärtigen, um über sie frei verfügen zu können.[74]

Die staatliche Förderung des Museumswesen, das enorme Anwachsen der großen öffentlichen und privaten Kunstsammlungen sowie die beeindruckenden Erfolge der modernen Archäologie und der einzelnen philologischen Disziplinen, der um 1900 beobachtet werden kann, ist für Simmel also kein Widerspruch zu

---

72 Philosophie des Geldes, S. 660 ff.
73 Ebd., S. 666.
74 Ebd., S. 641 f.

seiner Diagnose einer spezifischen ‚Zeitlosigkeit' der Moderne, sondern eine Bestätigung dafür, dass eine ausschließlich auf die eigene Gegenwart fixierte epochale Bewusstseinslage sich notwendig immer wieder neue Ersatzwelten verschaffen muss, um ihre innere Unbefriedigtheit und Unausgeglichenheit durch ein beständiges Zuführen von neuen Reizen und exotischen Erlebnisinhalten sowie die Flucht in das Nicht-Gegenwärtige erträglich zu gestalten. Das für die moderne Zeit typische „Gefühl von Spannung, Erwartung, ungelöstem Drängen – als sollte die Hauptsache erst kommen, das Definitive, der eigentliche Sinn und Zentralpunkt des Lebens und der Dinge"[75] ist insofern der Ausdruck einer Dezentrierung des Subjektes, das seinen Mittelpunkt verloren hat und sich deshalb auf der Suche nach einer möglichen Synthese zwischen den objektiven Anforderungen der Welt einerseits und den eigenen subjektiven Bedürfnissen und Wünschen andererseits befindet.

Dieses Gären und Brodeln unter der Oberfläche, das Sehnen nach einem neuen Lebensinhalt sowie die damit verbundene Unruhe und innerliche Bewegtheit ist für Simmel das eigentliche Kennzeichen der ‚modernen Seele'. Diese vermag in dem ständigen Wechsel zwischen den zum Teil heterogensten Eindrücken nicht bei sich selbst anzukommen. Vielmehr verirre sie sich in dem bestehenden kulturellen Formenreichtum, in dem sie sich definitiv verloren zu haben scheint. Zugleich sei diese äußere Unruhe ein Zeichen dafür, dass sich im Innersten des Menschen eine Spannung aufgestaut hat, die sich regelmäßig in künstlichen Aufgeregtheiten entladen müsse, um vorübergehend eine gewisse Befriedigung dieses unstillbaren Verlangens nach Abwechslung und Revitalisierung zu erreichen: „Ich glaube, daß diese heimliche Unruhe, dies ratlose Drängen unter der Schwelle des Bewußtseins, das den jetzigen Menschen vom Sozialismus zu Nietzsche, von Böcklin zum Impressionismus, von Hegel zu Schopenhauer und wieder zurück jagt – nicht nur der äußeren Hast und Aufgeregtheit des modernen Lebens entstammt, sondern daß umgekehrt diese vielfach der Ausdruck, die Erscheinung, die Entladung jenes innersten Zustandes ist. Der Mangel an Definitivem im Zentrum der Seele treibt dazu, in immer neuen Anregungen, Sensationen, äußeren Aktivitäten eine momentane Befriedigung zu suchen; so verstrickt uns dieser erst seinerseits in die wirre Halt- und Rastlosigkeit, die sich bald als Tumult der Großstadt, bald als Reisemanie, bald als die wilde Jagd der Konkurrenz, bald als die spezifisch moderne Treulosigkeit auf den Gebieten des Geschmacks, der Stile, der Gesinnungen, der Beziehungen offenbart."[76] Es muss also eine ‚Wahlverwandtschaft' zwischen diesen subjektiven Formen der Modernitätsverarbeitung einerseits und der objektiven Eigenart des modernen Zeitalters andererseits geben, die dieses Zeitalter als sehr krisenanfällig

---

75 Ebd., S. 669 f.
76 Ebd., S. 675.

4 Der Stil des modernen Lebens

erweist, auch wenn die eigentliche Krisis sowie der damit verbundene Entscheidungsbedarf zu diesem Zeitpunkt noch verdeckt bleibt und vor dem Ausbruch des Ersten Weltkrieges nur von einer feinfühligen Form der Kulturkritik antizipiert worden ist. Ihr wollen wir uns im Folgenden zuwenden, um die Ausmaße dieser sich bereits ankündigenden ‚Krise' und ‚Tragödie' der Kultur zu verdeutlichen, wie sie in Simmels Werk zum Ausdruck kommt.

Die Tragödie der Kultur 5

Simmel geht in seinen soziologischen Schriften von einem quantitativen beziehungsweise graduellen Verhältnis zwischen Individualisierung und Sozialisierung aus. Je weiter der Vergesellschaftungsprozess fortgeschritten ist, umso mehr Chancen sieht er für das einzelne Individuum gegeben, eine unverwechselbare soziale Identität zu entwickeln, die sie eindeutig von allen übrigen Menschen unterscheidet. Die Persönlichkeit kennzeichnet ihm zufolge dagegen einen Grenzbegriff der Soziologie, da letztere nur die Formen der Vergesellschaftung, aber nicht die Inhalte und Zwecke sowie die Bedürfnisse und Interessen der handelnden und leidenden Individuen zum Gegenstand hat. Die Bedeutung der Persönlichkeit ändert sich jedoch, wenn wir uns Simmels kulturtheoretischen Schriften zuwenden. Denn in diesen ist Simmel darum bemüht, nicht nur etwas über die epochale Eigenart der modernen Kultur auszusagen, sondern auch über die Selbstverwirklichungschancen des Einzelnen in einer durch anonyme, weil nicht mehr persönlich zurechenbare Prozesse der Vergesellschaftung geprägten Welt. Der Begriff der Kultur ist also im Unterschied zu dem der Gesellschaft bei Simmel auf die inneren Entfaltungsmöglichkeiten des Menschen bezogen und mit diesen untrennbar verbunden, da hier die Stellung des Menschen innerhalb einer übergreifenden Ordnung unmittelbar angesprochen wird, die zugleich eine von ihm selbst geschaffene Umwelt darstellt.

Simmel macht diese personalistische Verankerung seiner Kulturtheorie anhand einer einfachen begriffsgeschichtlichen Überlegung deutlich. Der ursprünglich aus der Landwirtschaft stammende und die Pflege des eigenen Gartens beinhaltende klassische Kulturbegriff bezeichnet nämlich einen Prozess der Kultivierung und Veredelung, der die bewusste Pflege von Veranlagungen zum Gegenstand hat, die im Keim selbst immer schon enthalten sein müssen, um sich weiter entfalten zu können. Diese dem europäischen Denken seit der römischen Antike zugrundeliegende Verständnis von Kultur ist untrennbar mit einem emphatischen Bildungsideal verbunden, das sich auf die Förderung der in jedem Menschen vorhandenen subjektiven Anlagen bezieht und diese zum Wohl des Ganzen zur weiteren Entfaltung verhelfen soll.⁷⁷ Dies ist auch der Grund, warum Simmel den Kulturbegriff eng mit der menschlichen Zwecktätigkeit verbunden sieht. Denn von einem ‚Kulturzustand' sprechen wir im Unterschied zum ‚Naturzustand' immer dann, wenn die menschliche Geschichte sich aus einem der Herrschaft des Kausalgesetzes unterstehenden Reich der Notwendigkeit herauszulösen beginnt und dabei die Form eines teleologischen Prozesses annimmt. Dieser stellt zwar nicht von Anfang an ein Reich der Freiheit dar, wohl aber den Ausgangspunkt einer Höherentwicklung, die sich von der reinen Naturgeschichte unterscheidet. Denn im Unterschied zur letzteren treten hier das Handeln des Menschen und dessen bewussten Zwecksetzungen in den Mittelpunkt des Geschehens, auch wenn dieses selbst nicht immer im Sinne des Menschen vonstatten zu gehen pflegt. Entscheidend ist, dass es überhaupt solche menschlichen Zwecksetzungen gibt, die sein Handeln prägen und auf den weiteren Verlauf der Dinge bezogen sind.⁷⁸

Im Unterschied zur reinen ‚Kulturarbeit' unterscheidet sich ein solcher Prozess der ‚Kultivierung' ferner dadurch, dass hier einem Gegenstand nicht eine ihm äußerliche Form aufgezwungen wird, die seiner Eigenart gar nicht entspricht. Vielmehr ist ein Kultivierungsprozess auf die einem Wesen zugrundeliegenden Anlagen und Fähigkeiten harmonisch bezogen, so dass das zustande gekommene Resultat tatsächlich als dessen eigene Wesensäußerung oder als ‚seine Kultur' bezeichnet werden kann. Dies bedeutet allerdings nicht, dass alle Entwicklungen, die im Rahmen solcher ‚Wesensbestimmungen' erfolgen, auch die Form eines Kulturprozesses annehmen müssen. Denn gerade beim Menschen sind Möglichkeiten der ‚Vollendung' vorstellbar, die in der Struktur seiner Persönlichkeit oder in seinem unmittelbaren Verhältnis zu den Mitmenschen begründet sind. Sie entziehen sich insofern dem Geltungsbereich dieses Kulturbegriffs wie zum Beispiel die Erfüllung in der Liebe, die Schaffung eines großen Kunstwerkes oder ein ganz persönliches religiöses Verhältnis zu dem Bereich des Transzendenten. Zu einem ‚Kulturwesen' wird der Mensch erst dann, wenn er im Rahmen seines eigenen Bildungsprozesses den Umweg über eine ihm ursprünglich äußerliche Welt einschlägt und sich vermittels dieser Objektivation als ein mit sich identisches Wesen behaupten kann. Genau dieses besagt die auf die teleologische Struktur des menschlichen Handelns bezogene Formulierung des jungen Simmel, dass wir uns bei dem Gebrauch von Werkzeugen beziehungsweise ‚Mitteln' notwendig von uns selbst entfernen müssen, auch wenn der ‚Endzweck' noch so sehr ein persönlicher sein mag, was er mit einer

---

77 Siehe hierzu die einschlägige begriffsgeschichtliche Untersuchung von Georg Bollenbeck, Bildung und Kultur. Glanz und Elend eines deutschen Deutungsmusters, Frankfurt am Main / Leipzig 1994.
78 Simmel, „Vom Wesen der Kultur" [1908], GSG 8, S. 363 ff.

5 Die Tragödie der Kultur

sittlichen ‚Steuer' vergleicht, die wir an die Gesellschaft bei der Verfolgung unserer privaten Interessen bezahlen müssen.[79] Aber auch die einzelnen Objektivationen des menschlichen Lebens müssen nicht unbedingt Teil einer ‚Kulturreihe' sein, vermittels der sich der Mensch die ihm ursprünglich fremde Welt aneignet und gemäß seinen eigenen Bedürfnissen umgestaltet. Denn es ist vorstellbar, dass die einzelnen ‚Inhalte' dieser Welt auch als Teil einer ganz anderen Sinnprovinz angesehen und auf die ihnen immanent zukommende ‚sachliche' Bedeutung betrachtet werden, wie dies zum Beispiel bei einem großen Kunstwerk der Fall zu sein pflegt. Denn dieses sehen wir in der Regel nicht als Erfüllung irgendwelcher objektiven Forderungen der Kultur an, sondern als gelungene Realisierung eines rein künstlerischen Anspruchs. Das „artistische Ideal" ist also streng von dem eigentlichen „Kulturideal" zu unterscheiden, da nur bei letzterem die menschlichen Objektivationen in einen kollektiven Bildungsprozess miteinbezogen sind, in dem sich eine Höherentwicklung der Spezies Mensch vollzieht.[80] Die Kunst, aber auch die Philosophie und die Religion sind also gewissermaßen immer schon bei ihrem eigentlichen Ziel angekommen, sofern man sie ausschließlich im Hinblick auf ihre sachliche Bedeutung und die ihnen immanent zugrundeliegenden Wertmaßstäbe betrachtet, nicht aber im Hinblick auf ihren möglichen Beitrag zu einem Werterhöhungs- und Bildungsprozess, der sich auf die menschliche Naturaneignung und die damit verbundene Kultivierung der Menschheit als Ganzes bezieht. Dies besagt Simmels Diktum, dass wir die einzelnen ‚Inhalte' dieser Welt von verschiedenartigen Gesichtspunkten aus betrachten können und dass es demzufolge ein großer Unterschied ist, ob wir sie in einer soziologischen, einer philosophischen, einer künstlerischen oder einer religiösen Perspektive oder aber als Teil einer ‚Kulturreihe' unter dem Gesichtspunkt ihrer Kulturbedeutsamkeit zum Gegenstand nehmen.[81]

Innerhalb der ‚Zweckreihen' des menschlichen Handelns, die Simmel als notwendige Voraussetzung aller Kultivierungsprozesse betrachtet, vermittels denen der Mensch eine ihm ursprünglich fremde Welt nach seinem eigenen Bild formt, kommt aber dem Geld ein ausgezeichneter Stellenwert zu. Denn als Mittel und Werkzeug schlechthin tritt es selbst zunehmend an die Stelle jener subjektiven ‚Endzwecke', welche die Menschen einstmals mit ihrem Handeln zu erreichen versuchten. Im Laufe der historischen Entwicklung wird es so zum Zentrum einer Welt von Mittelbarkeiten, in welcher der eigentliche Endzweck gänzlich verloren gegangen zu

---

79 Über sociale Differenzierung, S. 166.
80 Philosophie des Geldes, S. 618 f.
81 Simmel, „Vom Wesen der Kultur" [1908], GSG 8, S. 368 ff.

sein scheint.[82] Das dadurch bewirkte Übergewicht der verstandesmäßigen gegenüber den gefühlsmäßigen Funktionen ist insbesondere der Konzentration auf die Berechenbarkeit der Mittel geschuldet, die das Geld auch mit anderen kulturellen Erscheinungen wie dem Recht, der Wissenschaft und der Technik teilt, da wir eher mit den Zielen als mit den Mitteln unseres Handelns ein emotionales Verhältnis zu verbinden pflegen. Simmel sieht den rationalistischen und intellektualistischen Charakter der Neuzeit darin begründet, dass diese im Wesentlichen auf solchen mittelbaren Formen der Naturaneignung und des gesellschaftlichen Verkehrs beruht, die mit dem Geld eine gemeinsame logische Struktur teilen, wodurch sich die von dem Menschen geschaffene praktische Welt ihrerseits dem „naturgesetzlichen Kosmos" anzunähern beginnt. Denn das naturwissenschaftliche Weltbild ist durch eine ‚Indifferenz' gegenüber der qualitativen Beschaffenheit der einzelnen Erscheinungen dieser Welt gekennzeichnet, da es danach trachtet, sie unter die „gleichgültige Notwendigkeit" der Herrschaft des Naturgesetzes zu unterwerfen.[83] Die durch das menschliche Handeln geprägte ‚praktische Welt' beruht dagegen auf einer „Rangordnung" zwischen den Dingen, die sich am Wert der einzelnen Erscheinungen für die Befriedigung der menschlichen Bedürfnisse bemisst. Indem das Geld als der „Generalnenner aller Werte" diese qualitativen Differenzen unterschiedslos auf einen gemeinsamen Wertmaßstab reduziert, der nur noch die Feststellung von quantitativen Unterschieden zwischen den Dingen ermöglicht, beinhaltet es eine spezifische „Charakterlosigkeit", die es mit den verstandesmäßigen Funktionen des menschlichen Intellekts teilt und die insofern die Vorherrschaft von objektiven Sachgesetzlichkeiten begünstigt, die auch die weitere Entwicklung der praktischen Welt kennzeichnet. Dieser Charakter des Rationellen und des Logischen, der sowohl dem Geld als auch dem Intellekt zukommt und insofern die Gleichheit ihrer Entwicklung bestimmt, ist Simmel zufolge allen „großen historischen Potenzen" eigentümlich, die das Erscheinungsbild der Neuzeit bestimmen und dieser eine unverwechselbare epochale Signatur verleihen, die sich von der Eigenart anderer Kulturzeitalter unterscheidet.[84]

Dieses „messende, wägende, rechnerisch exakte Wesen der Neuzeit"[85], das Simmel sowohl am Beispiel der Geldwirtschaft als auch an dem formalen Charakter des juristischen Rationalismus und der neuzeitlichen Wissenschaft hervorhebt, ist der Grund, warum eine ausschließlich durch die Vorherrschaft der verstandesmäßigen Funktionen geprägte Welt notwendig den Erfordernissen einer humanen Form der

---

82 Philosophie des Geldes, S. 254 ff.
83 Ebd., S. 23 ff.
84 Ebd., S. 591 ff.
85 Ebd., S. 613.

5 Die Tragödie der Kultur 49

Lebensführung widerspricht, wie sie im klassischen Kultur- und Bildungsbegriff zum Ausdruck kommt. Denn die Ausdifferenzierung der Mittel zu einem Selbstzweck in Gestalt eines „selbstgenügsamen Zusammenschlusses"[86] stellt zwar eine Objektivation des menschlichen Geistes dar, vermittels der dieser sich die ihm äußerliche Natur anzueignen versucht. Als „Mechanismus, dem die Seele fehlt"[87], entbehrt er dagegen jene Form der personalen Einheit, die Simmel als Eigentümlichkeit der menschlichen Seele ansieht. Denn deren eigener Bildungsprozess gehorcht offensichtlich ganz anderen Anforderungen als den Objektivationen der rechnenden und messenden Verstandesfunktionen. Dieser später auch von Ludwig Klages in Anspruch genommene fundamentale Unterschied zwischen ‚Seele' und ‚Geist'[88] ist Simmel zufolge der Grund, warum die Moderne von einem unlösbaren Konflikt zwischen der ‚objektiven Kultur' und der ‚Kultur der Individuen' beherrscht wird: „Geist ist der objektive Inhalt dessen, was innerhalb der Seele in lebendiger Funktion bewußt wird; Seele ist gleichsam die Form, die der Geist, d.h. der logisch-begriffliche Inhalt des Denkens, für unsere Subjektivität, als unsere Subjektivität, annimmt. Der Geist in diesem Sinne ist deshalb nicht an die Gestaltung zur Einheit gebunden, ohne die es keine Seele gibt. Es ist, als ob die geistigen Inhalte irgendwie verstreut da wären und erst die Seele führte sie in sich einheitlich zusammen, ungefähr wie die unlebendigen Stoffe in den Organismus und die Einheit seines Lebens einbezogen werden."[89]

Simmel macht diesen grundlegenden Unterschied zwischen den Vergegenständlichungsformen des Geistes und den Ausdrucksformen der menschlichen Seele an einem einfachen Beispiel deutlich, das den Stellenwert von ästhetischen Kategorien innerhalb seiner Kulturtheorie unterstreicht. Während das große Kunstwerk dadurch gekennzeichnet sei, dass in ihm die Persönlichkeit des jeweiligen künstlerischen Genies in einer unverwechselbaren Art und Weise zum Ausdruck komme, fehle den durch die moderne industrielle Massenproduktion zustande gekommenen Produkten diese für die menschliche Seele charakteristische Form der personalen Einheit. Denn hier ermögliche es der arbeitsteilige Produktionsprozess dem einzelnen Arbeiter nicht mehr, diese Objekte als Resultat seiner eigenen Arbeit anzusehen und sich in ihnen als tätiges Subjekt wiederzuerkennen.[90] Die dadurch bewirkte Entfremdung zwischen den eigentlichen Produzenten und den Produkten dieser Arbeit, die Simmel im Anschluss an Marx' Lehre vom Fetischcharakter der Ware

---

86 Ebd., S. 639.
87 Ebd., S. 647.
88 Vgl. Ludwig Klages, Der Geist als Widersacher der Seele, 3 Bände, Leipzig 1929–1932.
89 Philosophie des Geldes, S. 647.
90 Ebd., S. 628 ff.

als Modell für alle kulturellen Objektivationen innerhalb einer durch Arbeitsteilung und soziale Differenzierung gekennzeichneten Gesellschaft ansieht, hat zur Folge, dass diese zwar nach wie vor als Äußerungsformen des menschlichen Geistes, aber nicht als Bildungsformen der menschlichen Seele betrachtet werden können. Die ursprüngliche reflexive Einheit zwischen einem tätigen Subjekt, das sich in der Auseinandersetzung mit der äußeren Natur objektiviert, und den von ihm geschaffenen Produkten, macht also innerhalb der modernen, vornehmlich durch die Geldwirtschaft geprägten Gesellschaft einer zunehmenden Differenzierung zwischen der objektiven und der subjektiven Kultur den Weg frei, die sich nun unabhängig voneinander zu entwickeln beginnen. Hierbei ergibt sich die Paradoxie, dass eine solche Entwicklung, die nicht mehr als „Weg der Seele zu sich selbst" beschrieben werden kann, des Kriteriums der Kulturbedeutsamkeit entbehrt und insofern die Verfallsform einer echten kulturellen Höherentwicklung darstellt.[91] Denn innerhalb dieser modernen „Tragödie der Kultur" erkenne sich der einzelne Mensch in den verschiedenen Objektivationen des Geistes nicht wieder. Als Preis für die ungeheuren Fortschritte innerhalb der gesellschaftlichen Naturaneignung müsse er deshalb fortan auf eine „Zentrierung des Lebens in der Geistigkeit" verzichten, wie sie noch in traditionellen Kulturen und vormodernen Lebensformen möglich gewesen sei.[92]

Die dadurch bewirkte ‚Umwertung aller Werte', die Simmel in Anspielung auf Nietzsches berühmtes Diktum vom ‚Sklavenaufstand in der Moral' als einen „Aufstand der Sachen" bezeichnet[93], stellt insofern die Kehrseite davon dar, dass das Geld aus der Reihe eines ursprünglichen Mittels des gesamtgesellschaftlichen Verkehrs herausgetreten und nun selbst den Status eines ‚Endzweckes' erworben hat, mit dem sich nun die verzweifelte und notwendig zum Scheitern verurteilte Suche nach einem tieferen Lebenssinn innerhalb des modernen Zeitalters verbindet. Denn mit dem zunehmenden Übergewicht der Mittel über die Zwecke, der Entmythologisierung und Entzauberung der Welt durch die neuzeitliche Wissenschaft sowie der Nivellierung aller qualitativen Unterschiede zugunsten der Vorherrschaft eines gemeinsamen Wertmaßstabes, der nur noch quantitative Unterschiede zulässt, rückt der Mensch als die eigentliche Quelle alles Wertes und aller Kulturbedeutsamkeit vom Zentrum an die Peripherie eines objektiven Gesamtzusammenhanges, der – obwohl von ihm selbst geschaffen – sich in eine autonome Welt von reinen Sachgesetzlichkeiten verselbständigt hat: „Der Satz, daß wir die Natur beherrschen, indem wir ihr dienen, hat den fürchterlichen Revers,

---

91 Ebd., S. 183 ff.
92 Ebd., S. 672.
93 Ebd., S. 674.

daß wir ihr dienen, indem wir sie beherrschen. Es ist sehr mißverständlich, daß die Bedeutsamkeit und geistige Potenz des modernen Lebens aus der Form des Individuums in die der Massen übergegangen wäre; viel eher ist sie in die Form der Sachen übergegangen, lebt sich aus in der unübersehbaren Fülle, wunderbaren Zweckmäßigkeit, komplizierten Feinheit der Maschinen, der Produkte, der überindividuellen Organisationen der jetzigen Kultur. [...] Damit hat das Dominieren der Mittel nicht nur einzelne Zwecke, sondern den Sitz der Zwecke überhaupt ergriffen, den Punkt, in dem alle Zwecke zusammenlaufen, weil sie, soweit sie wirklich Endzwecke sind, nur aus ihm entspringen können. So ist der Mensch gleichsam aus sich selbst entfernt, zwischen ihn und sein Eigentlichstes, Wesentlichstes, hat sich eine Unübersteigbarkeit von Mittelbarkeiten, technischen Errungenschaften, Fähigkeiten, Genießbarkeiten geschoben."[94]

Kann so der Mensch nicht mehr als das Zentrum einer Welt von Objekten angesehen werden, die er selbst geschaffen hat, und scheint die einzelne Persönlichkeit innerhalb eines arbeitsteiligen Gesamtzusammenhangs, der nun seiner eigenen Entwicklungslogik folgt, nicht mehr zur Entfaltung zu kommen, dann stellt sich aber die Frage, in welcher Form die Ausbildung einer vernünftigen personalen Identität innerhalb der modernen Kultur überhaupt noch vorstellbar ist. Denn Simmel beschreibt ja die äußere Hast und die sterile Aufgeregtheit des modernen Lebens als notwendige Folge eines „Mangel an Definitivem im Zentrum der Seele", der nicht mehr durch den äußeren Bezug auf die Welt der Objekte kompensiert werden kann. Trotz dieses unwiderruflichen Auseinandertretens zwischen der ‚subjektiven' und der ‚objektiven' Kultur sieht Simmel dennoch eine Chance dafür gegeben, dass die extreme Versachlichung des modernen Lebensstils, welche durch die Geldwirtschaft und den damit einhergehenden Intellektualismus geprägt ist, zugleich die Voraussetzung für die Entfaltung einer neuen Form von Innerlichkeit darstellt, die etwas von dem „religiösen Lebensstil früherer Zeiten" zu ersetzen vermag.[95]

Um diese unerwartete Wendung in Simmels Kulturkritik verstehen zu können, müssen wir noch einmal jenes Differenzierungstheorem in Erinnerung rufen, das auch seiner *Philosophie des Geldes* zugrunde liegt. Denn dieses gibt uns eine Auskunft darüber, warum das Geld in der Moderne nicht nur zum Symbol der Versachlichung aller Lebensvollzüge, sondern zugleich zu einem „Torhüter des Innerlichsten" geworden ist, in dem sich die menschliche Seele ohne den Umweg über die Objektwelt zu entfalten vermag. Es scheint zunächst ein logischer Widerspruch zu sein, dass Simmel in seiner Kulturtheorie bei dem „Weg der Seele zu sich selbst" zunächst die Notwendigkeit eines ‚Umweges' über die Objektivationen des menschlichen

---

94 Ebd., S. 673 f.
95 Ebd., S. 652 f.

Geistes gegeben sieht und nun zum Ergebnis kommt, dass dieser Umweg in der Gegenwart gar nicht mehr nötig sei, da nun die moderne Seele bei einem solchen Eingehen auf die Welt der Objekte ohnehin nie mehr bei sich selbst ankommen würde.[96] Dieser Widerspruch löst sich jedoch auf, wenn wir berücksichtigen, dass Simmel nicht nur seiner Kulturtheorie eine Subjekt-Objekt-Unterscheidung zugrunde gelegt hat, sondern auch das Verhältnis zwischen der Seele und dem Geld in einem übergreifenden gesamtgesellschaftlichen Differenzierungsprozess eingebettet sieht, der zugleich etwas über die Bedeutung der Sphäre der Innerlichkeit innerhalb der Moderne aussagt. Indem sich das, was Simmel emphatisch als Innerlichkeit bezeichnet, parallel zur Entwicklung der Geldwirtschaft ebenfalls in Form eines ‚selbstgenügsamen Zusammenschlusses' als ein völlig eigenständiger Bereich herausdifferenziert, bietet dieser dem Menschen ‚seelische' Entfaltungsmöglichkeiten an, die mit der Versachlichung aller Lebensvollzüge in einem engen Zusammenhang stehen. Wie lässt sich dieser Zusammenhang zwischen einer vollständig ausdifferenzierten Welt des Subjektiven und des Objektiven jedoch theoretisch beschreiben, ohne dass wir Gefahr laufen, ihre Unterschiede auf ein gemeinsames Drittes zu reduzieren?

Die Antwort auf diese Frage liegt in der Eigenart von Simmels Theorie der kulturellen Differenzierung begründet. Wie wir bereits gesehen haben, ist seine Darstellung der Entfaltung der modernen Geldwirtschaft durch eine eigenartige entwicklungslogische Konstruktion gekennzeichnet. Diese besagt, dass sich der wirtschaftliche Wert aus einem naturwüchsigen Stadium der ‚Indifferenz', in welchem die auf ein bestimmtes Objekt gerichteten menschlichen Bedürfnisse und dieses Objekt selbst noch eine undifferenzierte Einheit bilden, als ein von dem ökonomischen Gegenstand getrenntes ‚Begehren' überhaupt erst herausdifferenzieren muss, um sich in den Köpfen der Menschen als eine eigenständige Wertvorstellung zu behaupten. Dieser zunehmenden Distanz zwischen dem Subjekt und dem Objekt des wirtschaftlichen Begehrens entspricht auf der Ebene des theoretisch-kontemplativen Weltbildes eine vergleichbare grundbegriffliche Unterscheidung zwischen dem Subjekt und dem Objekt der menschlichen Erkenntnis. Dies verweist auf die notwendige Überwindung eines ursprünglichen Indifferenzzustandes des seelischen Lebens, „in dem das Ich und seine Objekte noch ungeschieden ruhen"[97]. Das evolutionäre Verhältnis zwischen dem Subjekt und Objekt führt im Rahmen der weiteren Entfaltung des wirtschaftlichen Verkehrs durch den Tausch schließlich zur Entstehung des Geldes, das sich historisch allerdings selbst erst zur „Reinheit" des ihm an sich zugrundeliegenden sachlichen Begriffs „aufläutern" muss, bevor es

---

96 Ebd., S. 183 ff.
97 Ebd., S. 30.

die reinste Form der wirtschaftlichen Objektivität symbolisch zur Darstellung zu bringen vermag.[98] Simmel sagt damit im Grunde genommen zweierlei: Zum einen beruht die Genese des Geldes selbst auf einem Differenzierungsprozess – nämlich dem zwischen dem Subjekt und dem Objekt des ökonomischen Begehrens –, der zugleich auf die Existenz einer ursprünglichen Rangordnung zwischen den ökonomischen Werten verweist. Zum anderen beinhaltet das Geld in seiner ‚begrifflichen Reinheit' bereits jenes Prinzip der ‚Indifferenz', das den logischen Ausgangspunkt eines umfassenden Nivellierungsprozesses im Hinblick auf die qualitative Beschaffenheit der Dinge und die personale Eigenart der einzelnen Individuen darstellt. Simmel hat diesen paradoxen Entwicklungsprozess als die eigentliche Tragödie der Kultur verstanden und in Gestalt der einzelnen Objektivationen des modernen Lebensstils ausführlich beschrieben.[99]

Die entwicklungsgeschichtliche Ausdifferenzierung des Geldes kennzeichnet aber nur die eine Seite dieses historischen Gesamtprozesses. Denn Simmel zufolge muss sich nicht nur das Geld, sondern auch die menschliche Seele ‚läutern', um als ein von den Objektivationen des Geistes strikt zu unterscheidendes Gestaltungsprinzip erkannt zu werden, das selbst einen Eigenwert besitzt, da nur der menschlichen Seele die Form der persönlichen Einheit zukommt.[100] Auch die weitere historische Entwicklung dieser „undefinierbaren personalen Einheit" erfolgt also im Rahmen eines umfassenden Differenzierungsprozesses, der erst im Resultat diese spezifische Eigenart der menschlichen Seele in einer selbständigen Erscheinungsform deutlich hervortreten lässt. Dies besagt ja bereits Simmels kulturtheoretische Reformulierung des grundlegenden Entwicklungstheorems von Herbert Spencer, dem zufolge auch die vom Menschen geschaffene Kultur einen „Weg von der geschlossenen Einheit durch die entfaltete Vielheit zur entfalteten Einheit" darstellt.[101] Die Verselbständigung des Geldes zu einem ‚objektiven Geist' und die spezifisch modernen Formen der Innerlichkeit stellen insofern die Korrelate ein- und desselben gesamtgesellschaftlichen Entwicklungsprozesses dar. Die Natur musste also erst ihren magischen Charakter verlieren und die sozialen Beziehungen zwischen den Menschen mussten ihrerseits gemäß einem „Ideal absolut reinlicher Scheidung" auf eine rein sachliche Grundlage gestellt werden, damit der nicht zu „verdinglichende" Rest des seelischen Lebens „um so persönlicher, ein um so unbestreitbareres Eigen des Ich" werden kann.[102]

---

98 Ebd., S. 133.
99 Ebd., S. 591 ff.
100 Ebd., S. 647 ff.
101 Simmel, „Der Begriff und die Tragödie der Kultur" [1911], GSG 14, S. 387.
102 Philosophie des Geldes, S. 652.

Simmel gibt insofern die Hoffnung nicht auf, dass trotz dieser „Vertreibung der subjektiven Seelenhaftigkeit aus allem Äußerlichen" eine Verfeinerung und geistige Höherentwicklung der Menschheit möglich geworden sei, die sich nun nicht mehr auf die ihr fremd gewordene Objektwelt beziehen muss, sondern in den zentralen Bereichen des seelischen Lebens wie in der Kunst, der Liebe, der Religion und einer genuin philosophischen Weltanschauung stattfinden kann. Denn indem uns das Geld und der Intellekt in immer steigendem Maße den unmittelbaren Kontakt mit den Dingen ersparen und diese selbst nur noch einem ‚seelenlosen' Mechanismus folgen, der ihre weitere Entwicklung bestimmt, können auch die auf die personale Einheit Bezug nehmenden menschlichen Lebens- und Erlebnisformen in Zukunft ihren eigenen Weg gehen und sich ohne den Umweg über die Objekte weiter entfalten.

Das viel beschworene ‚Interieur', das innerhalb der bürgerlichen Kultur um 1900 eine so starke Aufwertung gegenüber den großen anonymen Lebensmächten erfahren hat,[103] ist also für Simmel die eigentliche Garantie dafür, dass der Mensch nicht unbedingt durch solche objektiv gewordenen Mechanismen nivelliert und heimatlos zu werden braucht, da er sich immer noch in Bereiche zurückzuziehen vermag, die ihm eine humane Existenzform erlauben. Ob er allerdings diese Möglichkeit wirklich ergreift und für sich fruchtbar zu machen versteht, hängt dann aber nicht mehr vom Geld, sondern vom Menschen selbst ab, sofern er überhaupt noch das Bedürfnis nach einer persönlich geprägten Form der Lebensführung verspürt. Simmel macht jedoch auf den Ort aufmerksam, an dem sich innerhalb der modernen Kultur das Problem einer weiteren Entfaltung der menschlichen Persönlichkeit im Sinne einer möglichen kulturellen Höherentwicklung der Menschheit überhaupt noch stellt. Und er gibt einige konkrete Beispiele dafür an, wie diese ‚umweglose' Selbstbehauptung konkret vorstellbar ist. Er hat jedoch nicht den Anspruch, seine Zeitgenossen darüber zu belehren, wie sie in Zukunft leben sollen. Als überaus erfolgreicher akademischer Lehrer und Schriftsteller sieht er vielmehr seine Aufgabe darin, den Menschen eine Möglichkeit aufzuzeigen, wie sie ihrem eigenen ‚individuellen Gesetz' folgen können, um deutlich zu machen, worauf sie sich einlassen, wenn sie sich auf ihre eigene Innerlichkeit beschränken und nicht den ausgetretenen Wegen der modernen Massengesellschaft mit ihren verschiedenen ‚sozialen Netzwerken' folgen wollen. Insofern überlässt es Simmel uns selbst, welche Lehren wir aus seiner Kulturdiagnose im Hinblick auf unsere eigene Lebensgestaltung zu ziehen beabsichtigen beziehungsweise unter diesen Umständen überhaupt noch zu ziehen in der Lage sind.

---

103 Vgl. Theodor W. Adorno, Kierkegaard. Konstruktionen des Ästhetischen, Frankfurt am Main 1974, S. 61 ff.; siehe ferner Walter Benjamin, Das Passagen-Werk, hrsg. von Rolf Tiedemann, Frankfurt am Main 1982, Band 1, S. 281 ff.

Die kulturelle Bedeutung des Geschlechtergegensatzes 6

Von den um 1900 bestehenden sozialen und kulturellen Strömungen haben die durch das moderne Geschlechterverhältnis bedingten Kulturprobleme und damit im Zusammenhang stehende Reformbestrebungen Simmels besondere Aufmerksamkeit gefunden. Ihnen widmet er in einem Zeitraum von nahezu dreißig Jahren zahlreiche Aufsätze und Abhandlungen, so dass sich in seinen verschiedenen Stellungnahmen zur Geschlechterfrage und den damit verbundenen Emanzipationsvorstellungen der bürgerlichen Frauenbewegung in Deutschland auch seine eigene intellektuelle Entwicklung widerspiegelt. Insofern kann die Eigenart seiner Kulturtheorie anhand seiner Auseinandersetzung mit einer ganz konkreten historischen Problemstellung noch einmal verdeutlicht werden. Denn Simmel ist nicht nur derjenige Denker, dessen Arbeiten ein entscheidender Anteil bei der intellektuellen Prägung der philosophischen und kulturkritischen Opposition der Jahrhundertwende gegen die Auswüchse einer forcierten kapitalistischen Umgestaltung der bestehenden gesellschaftlichen Verhältnisse zukommt. Seine Schriften zur modernen Geschlechterproblematik haben darüber hinaus die theoretischen Anschauungen der führenden Repräsentantinnen der bürgerlichen Frauenbewegung in Deutschland wie Helene Lange, Gertrud Bäumer und Marianne Weber beeinflusst.[104] Aber auch innerhalb der neueren feministischen Literatur werden seine Ausführungen über die moderne Frauenfrage als erster bedeutender männlicher Beitrag zur Geschlechterdifferenz angesehen und gewürdigt, so dass es sinnvoll ist, Simmels kulturtheoretischen Ansatz noch einmal anhand seiner verschiedenen Stellungnahmen zu den durch die bürgerliche Frauenbewegung um 1900 aufgeworfenen Fragen zu veranschaulichen.

---

104 Siehe hierzu auch Lichtblau, Kulturkrise und Soziologie um die Jahrhundertwende, a. a. O., S. 280 ff.

© Springer Fachmedien Wiesbaden GmbH, ein Teil von Springer Nature 2019
K. Lichtblau, *Zur Aktualität von Georg Simmel*, Aktuelle und klassische Sozial- und Kulturwissenschaftler|innen, https://doi.org/10.1007/978-3-658-22716-6_6

Auch im modernen Geschlechterverhältnis sieht Simmel einen unaufhebbaren Gegensatz sowie einen damit verbundenen Konflikt der Kultur zum Ausdruck kommen. Dieser sage nicht nur etwas über die Beziehungen zwischen den Geschlechtern aus, sondern auch etwas über das moderne Zeitalter. Obwohl Simmels Stellungnahmen zur ‚Geschlechterfrage' zum Teil tagespolitisch orientiert sind, stellen sie doch einen wesentlichen Beitrag zu seiner Diagnose der Moderne dar, die auch in dem Verhältnis der Geschlechter eines ihrer großen ‚Symbole' und ‚Gleichnisse' findet. Simmels Interesse ist dabei nicht den Emanzipationsvorstellungen der proletarischen Frauenbewegung in Deutschland gewidmet, sondern derjenigen Richtung innerhalb der bürgerlichen Frauenbewegung, die neben der Forderung nach einer sozialen, politischen und rechtlichen Gleichstellung der Frauen die Frage nach einem möglichen ‚weiblichen' Beitrag zur zukünftigen Gestaltung der bestehenden gesellschaftlichen Verhältnisse aufwarf. Dieser auf den Bereich der allgemeinen Kultur, der Wissenschaft und des Bildungswesens bezogenen Frage gibt Simmel eine kulturkritische Fassung, die untrennbar mit den Grundannahmen seiner eigenen Kulturtheorie verbunden ist und die vorzüglich dazu geeignet scheint, deren Ergiebigkeit auch im Hinblick auf eine Klärung der weltanschaulichen Probleme einer spezifisch modernen Emanzipationsbewegung unter Beweis zu stellen.

Ausgangspunkt seiner Analyse des Verhältnisses zwischen den Geschlechtern ist seine Theorie der sozialen Differenzierung, wie er sie erstmals in seinen soziologischen Schriften entwickelt und später auch seinen kulturtheoretischen Schriften zugrunde legt. Entscheidend für die gesellschaftliche Stellung der Frau ist in seinen Augen jene geschlechtsspezifische Form der Arbeitsteilung, die im Laufe der Neuzeit zu einer Verselbständigung der auf den Markt bezogenen wirtschaftlichen Produktion führte und diese im Rahmen einer entfalteten Geldwirtschaft immer stärker in einen Gegensatz zur traditionellen Form der Hauswirtschaft brachte, die im Wesentlichen noch eine autarke ökonomische Einheit darstellte und auf der Naturalienwirtschaft beruhte. Gemäß der allgemeinen Logik der kulturellen Differenzierung, der zufolge das Öffentliche immer öffentlicher und das Private immer privater werde,[105] entstanden so auch unterschiedliche Spielräume für die gesellschaftliche Stellung der beiden Geschlechter, da die äußere Produktion für den Gelderwerb im Wesentlichen dem Mann vorbehalten blieb. Dagegen waren die Frauen in der Regel nach wie vor auf den häuslichen Bereich verwiesen und fanden dort in Gestalt der Erziehung der Kinder, der Versorgung der einzelnen Familienmitglieder sowie der Pflege der Alten und Kranken ein umfangreiches Feld für ihre soziale Betätigung. Dies änderte sich erst im Laufe der industriellen

---

105 Vgl. Philosophie des Geldes, S. 528.

Revolution, in deren Folge der privaten Haushaltung alle wichtigen ökonomischen Funktionen genommen wurde. Der damit einhergehende Bedeutungsverlust der traditionellen Form der Hauswirtschaft führte allmählich zu einer schichtenspezifischen Ausdifferenzierung der sozialen Stellung der Frauen sowie einer dadurch bedingten unterschiedlichen Entwicklung der bürgerlichen und der proletarischen Frauenbewegung in Deutschland. In deren Gefolge trat der Forderung nach einer gesellschaftlichen Gleichstellung der Frauen zunehmend die Forderung nach einer öffentlichen Anerkennung ihrer geschlechtsspezifischen Eigenart sowie der Schaffung geeigneter sozialer und kultureller Betätigungsfelder für die Frauen gegenüber.[106]

Die auffallende „Unbefriedigtheit" der bürgerlichen Frauen sowie der damit verbundene „unbefriedigende Charakter moderner Ehen" ist also nur die Kehrseite dieses Funktionsverlustes der traditionellen Hauswirtschaft, der die Suche nach einem gesellschaftlichen Ersatz für diese „leergewordene Stelle" und nach einer neuen Bewährungsmöglichkeit für die „Unverbrauchtheit ihrer Kräfte" motiviert hat.[107] Denn die Frauen aus der Arbeiterschaft hatten offensichtlich ganz andere ‚Kulturprobleme' als die Vertreterinnen der ‚Damenbewegung', da sie im Unterschied zu den Frauen aus den bürgerlichen Schichten oft gegen ihren Willen ja bereits innerhalb des industriellen Produktionsprozesses integriert waren. Insofern trauerten sie eher dem traditionellen Ideal einer häuslichen Existenz als Mutter und Ehefrau nach, als dem einer ‚Bewährung' innerhalb des modernen Berufslebens. Simmel stellt deshalb ausdrücklich fest, dass sich diese unterschiedlichen schichtspezifischen Einstellungen der Frauen zum Bereich des Hauses spiegelverkehrt zueinander verhalten, was im Übrigen auch einer der zahlreichen Gründe für die politische Spaltung der Frauenbewegung in Deutschland in eine bürgerliche und eine sozialdemokratische Richtung war. Er fasst diesen Sachverhalt in folgendem Bonmot zusammen: „Die eine Klasse der Frauen will in das Haus zurück, die andre aus dem Hause heraus."[108]

Simmels Interesse an der modernen Frauenfrage erschöpft sich jedoch nicht im Aufdecken der Gründe für diese Paradoxie, sondern er versucht dem ihr zugrundeliegenden Konflikt hinsichtlich einer Beurteilung der zukünftigen gesellschaftlichen Stellung der Frauen sowie der damit verbundenen Möglichkeit einer Gleichstellung der Geschlechter eine grundsätzliche Bedeutung abzugewinnen. Denn auch der moderne Geschlechtergegensatz sei Anzeichen einer sich zuspitzenden ‚Tragödie' der Kultur, wie er sie auch in anderen gesellschaftlichen Bereichen gegeben sieht. Seine Rekonstruktion jener soziokulturellen Differenzierungsprozesse, die unter

---

106 Simmel, „Der Frauenkongreß und die Sozialdemokratie" [1896], GSG 17, S. 39 ff.
107 Philosophie des Geldes, S. 644.
108 Simmel, „Die Kreuzung sozialer Kreise" [1908], GSG 11, S. 502.

anderem auch zu einer Polarisierung der Geschlechtsrollen geführt haben, verdankt sich insofern keinem politischen Anliegen im Sinne einer eindeutigen Befürwortung oder Ablehnung einer gesellschaftlichen Gleichstellung der Geschlechter, sondern der Frage, was man gewinnt, zugleich aber auch verliert, wenn man das traditionelle Verhältnis zwischen den Geschlechtern einer radikalen Gleichheitsforderung unterwirft. Ihn bewegt dabei die Frage, ob die Jahrhunderte lange Einschließung der Frauen in den engeren Bereich des Hauses nicht zur Ausbildung von ganz spezifischen weiblichen Charaktereigenschaften und seelischen Qualitäten geführt haben könnte, die dem männlichen Geschlecht aufgrund seiner verschiedenen Funktionswahrnehmungen außerhalb des häuslichen Bereichs notwendig fehlen müssen und die insofern vielleicht einen Eigenwert und eine Potentialität darstellen, die nicht nur für die Hauswirtschaft, sondern in Zukunft auch für die kulturelle Entwicklung der Menschheit in Anspruch genommen werden können. Denn seiner Ansicht nach hat die gesellschaftliche Arbeitsteilung im Laufe der Jahrhunderte nicht nur zu einer unterschiedlichen charakterologischen Entwicklung der Geschlechter geführt, sondern auch zu einer ausschließlich männlichen Prägung aller Bereiche der „objektiven Kultur". Diese lasse es ratsam erscheinen, mit dem Eintritt der Frauen in die Berufswelt nicht vorschnell die Vorstellung einer notwendigen ‚Emanzipation' des weiblichen Geschlechts und einer dadurch bewirkten Förderung des gesellschaftlichen ‚Fortschrittes' zu verbinden.[109]

Auch wenn diese Position zunächst etwas altväterlich klingen mag, sind die Beweggründe, die Simmel zu ihrer Verteidigung geführt haben, doch ernst zu nehmen. Denn er ist sehr wohl in einem konstruktiven Sinne an den durch die moderne Geschlechterfrage aufgeworfenen Problemen interessiert. Nur hält er sie eben für keine ‚soziale Frage' im engeren Sinne, sondern für eine ‚Kulturfrage' von grundsätzlicher Bedeutung. So sieht er in der Teilung der Arbeit zwischen den inner- und den außerhäuslich Beschäftigten nicht nur einen sozioökonomischen Differenzierungsprozess gegeben, sondern zugleich den Grund für einen tiefgreifenden „Geschlechtsunterschied unter den Seelen", der auf diese unterschiedliche arbeitsteilige Differenziertheit der Tätigkeit der Geschlechter verweist.[110] Simmel zufolge hat bisher nämlich nur der Mann an der fortschreitenden gesellschaftlichen Arbeitsteilung Anteil genommen, weshalb sein ‚Geschlecht' auch durch die Fähigkeit zur Objektivation und zur individualisierenden Spezialisierung geprägt sei. Die Frau erscheint ihm dagegen eher als ein ‚einheitliches' Wesen, das sich aufgrund seiner Verankerung innerhalb des häuslichen ‚Rahmens' noch nicht so weit von seinen ursprünglichen biologischen Veranlagungen entfernt habe. Als

---

109 Simmel, „Weibliche Kultur [1911], GSG 14, S. 417 ff.
110 Simmel, „Ein Jubiläum der Frauenbewegung" [1892], GSG 1, S. 286 ff.

"vordifferentielle Einheit" hat deshalb die Frau auch einen stärker ausgeprägten ‚Geschlechtscharakter' als der Mann, da bei ihr noch das Gattungsmäßige und das Persönliche unmittelbarer zusammenzufallen scheinen, während der Mann weniger durch sein Geschlecht als vielmehr durch seine jeweilige Stellung innerhalb des gesellschaftlichen Systems der Arbeitsteilung gekennzeichnet sei. Ihm komme daher auch eher der Charakter der ‚Individualität' als der des ‚Typus' zu.[111]

Nur aufgrund des fehlenden Einbezugs des weiblichen Geschlechts in diesen soziokulturellen Differenzierungsprozess konnte aber die Vorstellung einer noch unverbrauchten ‚Spannkraft' und einer damit einhergehenden spezifischen ‚Kulturmission' der modernen Frau entstehen, da sie nun als Sinnbild für eine ‚Potenz' erscheinen musste, die noch nicht in Aktualität übergegangen ist und deren kulturelle ‚Unverbrauchtheit' hierbei die Hoffnung nährte, dass sich dem bisherigen gesellschaftlichen Entwicklungsprozess noch eine andere Richtung geben lasse als die durch die Tätigkeit des männlichen Geschlechts gekennzeichnete. Aber auch die von den meisten Männern oft empfundene ‚Schönheit' des weiblichen Geschlechts erklärt Simmel durch dessen „größere Einheitlichkeit des Wesens", die aus seiner „Unteilbarkeit" und noch ungebrochenen Einheit mit der Natur resultiere und gerade deshalb dem „vielspältigen, differenzierten, in die Objektivität aufgehenden Mann" die Möglichkeit einer „Erlösung" von seinen Fragmentierungen und der „Versöhnung" mit seiner ihm gänzlich fremd gewordenen natürlichen Herkunft suggeriere.[112] Dies ist auch der Grund, warum Simmel das vordifferentielle, noch in sich geschlossene Wesen der Frau mit einem Kunstwerk vergleicht. Denn dessen ‚Rahmen' beziehungsweise räumliche Installation grenzt es ja ebenfalls von der übrigen Welt ab. Insofern enthält auch das Kunstwerk aufgrund seiner inselhaften Stellung und seiner ästhetischen Autonomie das Versprechen einer möglichen Erlösung von den realen Zwängen und Konflikten dieser Welt, auch wenn die Einlösung dieses Glücksversprechens nur in einem kompensatorischen Sinne möglich zu sein scheint, der den Alpdruck der bestehenden gesellschaftlichen Verhältnisse nur vorübergehend außer Kraft zu setzen vermag.

Doch wie soll es den Frauen möglich sein, ihre kulturell bisher noch nicht so recht zur Entfaltung gebrachten Potenzen in Gestalt einer objektiven Kulturleistung unter Beweis zu stellen, die mit der traditionellen Form der Hauswirtschaft nicht identisch ist und sich auch noch wesentlich von den kulturellen Objektivationen des Mannes unterscheidet? Denn Simmel sieht die gesamte bisherige ‚objektive Kultur' durch die spezifischen Charaktereigenschaften des männlichen Geschlechts bestimmt. Deshalb sei auch unser bisheriges Verständnis des Allgemein-Menschlichen

---

111 Simmel, „Zur Psychologie der Frauen" [1890], GSG 2, S. 67 ff.
112 Simmel, „Bruchstücke aus einer Psychologie der Frauen" [1904], GSG 7, S. 289 ff.

ganz einseitig durch den Mann geprägt worden. Diesem scheint die Fähigkeit zur Individualisierung, arbeitsteiligen Spezialisierung und den damit einhergehenden Objektivationen aufgrund seiner gesellschaftlichen Stellung gleichsam naturwüchsig gegeben zu sein. Die Frau verbleibe aufgrund der damit notwendig verbundenen Aufspaltung der intellektuellen und der emotionalen Funktionen dagegen noch in einer prinzipiellen Reserve. Sie bevorzuge vielmehr eine ganzheitliche Lebensform, die eher an dem ‚fließenden' Charakter des Erlebens als an dem sachlichen Gehalt solcher kristallisierten Gebilden der objektiven Kultur orientiert ist. Dies schließt natürlich nicht eine weitgehende Integration der Frauen in die Berufswelt und die überlieferte Struktur der gesellschaftlichen Arbeitsteilung aus. Nur bestreitet Simmel, dass es dem weiblichen Geschlecht bei dieser Art der ‚Emanzipation' möglich sei, einen eigenen Beitrag zur Vermehrung der objektiven Kulturinhalte zu leisten und damit zugleich eine Bereicherung der gattungsgeschichtlichen Entwicklung durch eine spezifisch weibliche Form der Produktivität zu bewirken. Denn unsere Vorstellung von Weiblichkeit sei wesentlich durch die jahrhundertelange Einschließung der Frauen in das Haus und die dadurch bedingte Bestimmung ihres Geschlechtscharakters gekennzeichnet, so dass sich notwendigerweise die Frage stelle, ob die Möglichkeit einer spezifisch ‚weiblichen Kultur' im Sinne einer genuin ‚objektiven Kultur' nicht eine „contradictio in adiecto"[113] darstellt, deren praktische Einlösung zu unüberwindbaren Schwierigkeiten führen muss: „Alle Kulturgebilde, nach deren Produktion hier gefragt wird, haben den Charakter der Dauer, sie stehen ihrem Sinne nach jenseits des individuellen Lebens und seines zeitlichen Verfließens. Vielleicht aber ist diesem Schaffenstypus die ganze Art und der Rhythmus des weiblichen Wesens prinzipiell fremd. Es trägt vielleicht, viel stärker als der Mann, den Charakter des Fließenden, in der Forderung des Tages Aufgehenden, auf das bloß individuelle Leben Gerichteten. Es gehört zu den banalen Vorwürfen gegen die Frauen, daß sie keine Objektivität besäßen, daß ihre Hingabe eigentlich niemals einem Gegenstand oder einer Idee, sondern in letzter Instanz immer einer Person gälte, d.h. einem zeitlichen und gleichsam Punktuellen gegenüber der Abgewogenheit und Überzufälligkeit, die der rein sachlichen Interessiertheit eigen ist."[114]

Simmel zufolge bleibt deshalb das ‚Haus' die einzige kulturelle Objektivation, die primär durch die Eigenschaften des weiblichen Geschlechts bestimmt worden ist, während den meisten anderen Tätigkeiten der Frauen nur ein ‚reproduktiver' Charakter, nicht aber der einer ‚originären' Produktion zukomme, wie sie für den Mann kennzeichnend sei. Der eigentliche kulturelle Betrag des entwicklungsgeschichtlich

---

113 Simmel, „Weibliche Kultur" [1911], GSG 14, S. 457.
114 Simmel, „Weibliche Kultur" [1902], GSG 7, S. 82.

bisher noch nicht so recht zur Entfaltung gekommenen weiblichen Geschlechts muss also in einem anderen Bereich gesucht werden als dem der objektiven Kulturleistung, soll auch weiterhin an der Möglichkeit einer weiblichen ‚Kulturmission' festgehalten werden, die sich grundsätzlich von der des Mannes unterscheidet und deren ‚Produktivität' noch nicht in die Form der Objektivation übergegangen ist, sondern den rhythmischen Charakter des Lebensprozesses bewahrt hat und ihn deshalb vielleicht eines Tages auch in den Dienst einer zukünftigen Höherentwicklung der menschlichen Gattung zu stellen vermag. Die „Idee einer objektiven Kultur, die mit der Nuance weiblicher Produktivität bereichert ist"[115], wird von Simmel also bewusst der Gleichstellungspolitik seiner Zeit gegenübergestellt. Denn letztere wird durch die Utopie einer möglichen ‚Versöhnung' des Menschengeschlechts radikal in Frage gestellt, in welcher der entwicklungsgeschichtliche Gegensatz zwischen ‚Natur' und ‚Kultur' sowie ‚Gesetz' und ‚Freiheit' in einer Form aufgehoben erscheint, wie sie bisher nur in der Geschlossenheit und Selbstgenügsamkeit des großen Kunstwerks erreicht worden sei. Insofern muss dieses auch bezüglich des Konfliktes zwischen den Geschlechtern als Beispiel für die Möglichkeit eines authentischen und mit sich selbst versöhnten Lebens angesehen werden.[116]

Die geschlechtliche Differenzierung stellt Simmel zufolge zugleich ein ‚historisches Paradigma' dafür da, wie sich die für den modernen Menschen charakteristische Antinomie zwischen dem Eigenwert des Individuellen und den Forderungen des Allgemeinen auch innerhalb der erotischen Sphäre zu einem unlösbaren Widerspruch zuspitzen muss. So finde das für die europäische Neuzeit typische Spannungsverhältnis zwischen dem Individuum und der Gesellschaft am Beispiel des Geschlechterverhältnisses eine weitere Bestätigung. Simmel sieht nämlich in der ‚romantischen' Form der Liebe eine Exklusivität zum Ausdruck kommen, die den ‚Umweg' über Instanzen allgemeiner Art vermeide. Der ‚Individualismus' der modernen Liebe sei im Gegensatz zum platonischen Eros nämlich dadurch gekennzeichnet, dass im ersten Fall das erotische Begehren auf die Erwiderung durch einen anderen angewiesen sei, da sich nur in dieser Form der Reziprozität das „individuelle Gesetz der Liebe" vollziehe.[117] Das „Wunder der Liebe" bestehe also darin, dass das „Fürsichsein des Ich wie des Du" prinzipiell nicht aufgehoben, sondern die unverwechselbare Individualität des einzelnen Liebenden anerkennt und damit die Liebe selbst als eine eigene Potenz und Gestaltungsmacht bestätigt werde. Zugleich verspüre der Liebende schmerzhaft die Distanz gegenüber dem

---

115 Ebd., S. 82.
116 Vgl. Simmel, „Das Relative und das Absolute im Geschlechter-Problem" [1911], GSG 14, S. 219 ff.
117 Simmel, „Über die Liebe (Fragment)" [1923], GSG 20, S. 116 ff.

geliebten Menschen, die er deshalb immer wieder aufzuheben strebt, um sich mit dem anderen vollständig zu vereinigen und gleichsam in ihm aufzugehen: „Gerade wenn man zu zweien ist, ist man allein: denn dann ist man eben getrennt, ist ‚gegenüber', ist der andere. Und wenn man zur Einheit verschmolzen ist, ist man wieder allein: denn nun ist nichts mehr da, was die Einsamkeit des Nur-Eins-Sein aufheben könnte. [...] Insofern ist die Liebe die reinste Tragik: sie entzündet sich nur an der Individualität und zerbricht an der Unüberwindlichkeit der Individualität."[118]

Als ein „Mittleres zwischen Haben und Nichthaben" beziehungsweise als ein „Haben von etwas, das man zugleich nicht hat"[119] ist die moderne Liebesvorstellung deshalb durch eine paradoxe Struktur gekennzeichnet. Diese müsse jedoch nicht unbedingt zu einem tragischen Ausgang führen, weil gegenüber diesem ‚Ernstfall' auch ein ‚spielerischer' Umgang im erotischen Verhältnis zwischen den Geschlechtern möglich ist, der die eigentliche Entscheidung im Sinne einer eindeutigen Festlegung vermeidet und mit ihr gewissermaßen nur ‚kokettiert'. Die Koketterie des Mannes mit der Frau und umgekehrt wird für Simmel insofern zu einem Beispiel dafür, wie sich nicht nur innerhalb der Erotik, sondern auch in unzähligen anderen Bereichen des modernen Lebens eine allgemeingültige Struktur ‚herausdestilliert', bei der die scheinbar unvereinbaren Ansprüche zwischen dem eigenen Ich und der Umwelt wenn schon nicht gänzlich aufgehoben, so doch zumindest in Gestalt eines einheitlichen Benehmens in eine verträgliche Form miteinander gebracht werden können, die dem eigenen und dem fremden Forderungskreis genügt und die beispielhaft anzeigt, wie der Mensch die grundsätzlichen Konflikte und Spannungen des modernen Lebens zu ertragen vermag. Zugleich gelingt es Simmel anhand der Koketterie zu verdeutlichen, wie eine zunächst unscheinbare und periphere Form des zwischenmenschlichen Verhaltens zum Signum einer ganzen Epoche werden konnte, die mit dem Ausbruch des Ersten Weltkrieges ihr definitives Ende gefunden hat, weil die in ihr zum Ausdruck kommende ‚Unentschiedenheit' in Gestalt des ‚Vielleicht' und des ‚Sowohl-als-Auch' nun zugunsten von ganz eindeutigen Parteinahmen verabschiedet worden ist, deren katastrophale Folgen das gesamte 20. Jahrhundert geprägt haben. Denn die Koketterie bildet eine Lebensform, deren Eigenart darin besteht, dass die beiden Glieder einer Ganzheit begrifflich voneinander unterschieden werden müssen, ohne dass es eine zwingende Notwendigkeit gibt, sich zwischen einen der beiden Extreme zu entscheiden.[120]

Wie lässt sich jedoch der epochale Gehalt einer solchen spielerischen Form der Vergesellschaftung verdeutlichen, wie er in einem ‚Flirt' zum Ausdruck kommt?

---

118 Ebd., S. 167.
119 Simmel, „Psychologie der Koketterie" [1909], GSG 12, S. 47.
120 Vgl. Lichtblau, Kulturkrise und Soziologie um die Jahrhundertwende, a. a. O., S. 380 ff.

Simmel vergleicht die logische Struktur der Koketterie mit der „Gleichzeitigkeit eines angedeuteten Ja und Nein", in der sich das Ja und das Nein untrennbar miteinander vermischen, um diese Nähe zu einem Definitivem, mit dem die Koketterie spielerisch umzugehen weiß, in jedem Augenblick wieder durch eine völlige Offenheit des Sich-Darbietens und des Sich-Versagens elegant zu umgehen.[121] Innerhalb des westlichen Kulturkreises war es – wenigstens noch bis vor kurzem – das Vorrecht der Frau, zu wählen, auf wen sie sich bei diesem Spiel einlässt, und zu entscheiden, wann und wie dieses Spiel zu einem Ende gelangt. Simmel begründet dies damit, dass sie nur einmal im Leben wirklich die Gelegenheit zu einer definitiven Entscheidung habe, die sie dann unwiderruflich binde, weshalb sie im koketten Benehmen den „Reiz der Freiheit" und die damit gegebene „Macht der Entscheidung" gewissermaßen auf Dauer stellen will, um die mit ihnen verbundenen abstrakten Möglichkeiten noch vor einer wirklichen Festlegung zu genießen.[122] Diese Flucht vor der Schwere der eigentlichen Entscheidung eröffne eine Möglichkeit des spielerischen Umgangs mit der Wirklichkeit, die Simmel mit der ästhetischen Sphäre vergleicht, weil sich auch im Kunstwerk die Gegensätze des Lebens in einer ‚versöhnten' Form gegenüberstehen, ohne in einen bedrohlichen Konflikt auszuarten.

Dieses „freie Schweben" teilt die Koketterie aber mit der Kunst der „Geselligkeit", weshalb Simmel diese als „Spielform der Gesellschaft", die Koketterie dagegen als die „Spielform der Liebe" bezeichnet.[123] Als ‚Zweckmäßigkeit ohne Zweck' sei das Liebesspiel für die Frauen deshalb die ideale Form, in der sie ihre gesellschaftliche ‚Undifferenziertheit' zumindest in einer ‚geselligen' Weise zur Entfaltung zu bringen vermögen. Dieser spielerischer Umgang mit der Entscheidung mache sie in den Augen des Mannes zum Symbol für ein „Noch-Nicht", ein „uneingelöstes Versprechens" und eine „ungeborene Fülle dunkler Möglichkeiten"[124]. Dadurch scheint nicht nur für das Verhältnis zwischen den Geschlechtern, sondern auch für viele andere Gegensätze des modernen Zeitalters eine geeignete Ausdrucksform gefunden worden zu sein. Denn in Gestalt der Koketterie sei eine gesellschaftliche Umgangsweise jenseits der „Schwere der Entscheidung" möglich, die sich auf viele gesellschaftliche Bereiche übertragen lasse: „Alle die Reize des gleichzeitigen Für und Gegen, des Vielleicht, des verlängerten Vorbehaltes der Entscheidung, der ihre beiden, in der Realisierung einander ausschließenden Seiten zusammen vorgenießen lässt – sind nicht nur der Koketterie der Frau mit dem Mann eigen, sondern sie spielen gegenüber tausend anderen Inhalten. Es ist die Form, in der

---

121 Simmel, „Die Koketterie" [1911], GSG 14, S. 258. PgK, S. 83 f.
122 Ebd., S. 264 f.
123 Simmel, „Soziologie der Geselligkeit" [1911], GSG 12, S. 180 und 187.
124 „Die Koketterie", S. 272.

die Unentschiedenheit des Lebens zu einem ganz positiven Verhalten kristallisiert ist, und die aus dieser Not zwar keine Tugend, aber eine Lust macht. Mit jenem spielenden, obgleich keineswegs immer von der Stimmung des ‚Spieles' begleiteten Sich-Nähern und Sich-Entfernen, Ergreifen, um wieder fallen zu lassen, Fallenlassen, um wieder zu ergreifen, dem gleichsam probeweisen Sich-Hinwenden, in das schon der Schatten seines eigenen Dementis fällt – hat die Seele die adäquate Form für ihr Verhältnis zu unzähligen Dingen gefunden."[125]

Die weltanschauliche ‚Neutralität' der Koketterie stellt insofern zugleich die Signatur eines Zeitalters dar, das nicht nur durch eine ‚Vielheit der Stile' gekennzeichnet ist, zwischen denen man sich gar nicht mehr in einer ‚vernünftigen' Weise zu entscheiden vermag, sondern auch durch höchst unterschiedliche geistige und soziale Strömungen, von denen keine einzige mehr den Anspruch erheben kann, eine für alle Standpunkte allgemeinverbindliche Formel gefunden zu haben. Der damit einhergehende Glaubwürdigkeitsverlust aller ‚Meistererzählungen' beziehungsweise totalisierenden ‚Super-Theorien ist aber nur die Kehrseite davon, dass innerhalb einer voll entfalteten Geldwirtschaft jeder Gegenstand nur noch nach seinem abstrakten Tauschwert bemessen wird. Deshalb bleibt es dem persönlichen Belieben anheimgestellt zu entscheiden, welche Objekte zum Gegenstand unseres Begehrens erhoben werden und welche nicht, da sie als Verkörperung eines wirtschaftlichen Wertes ohnedies allesamt austauschbar und ersetzbar geworden sind. Diese spezifische Bindungslosigkeit der modernen Seele, die sich nicht nur in einem entsprechenden Konsumverhalten niederschlägt, sondern auch in einer gewissen ‚Treulosigkeit' gegenüber allen überlieferten Traditionen und Werten, hat insofern in Gestalt der Koketterie einen ‚symbolischen' Ausdruck gefunden, die sie aufgrund ihrer Unverbindlichkeit zu einer idealen Umgangsform innerhalb der ‚Unentschiedenheit des Lebens' prädestiniert. Dass damit jedoch keine ‚definitive' Lösung jener Gegensätze des modernen Zeitalters erreicht worden ist, die Simmel in seinen kulturtheoretischen Untersuchungen beschreibt, sondern nur eine Verzögerung der eigentlich anstehenden Entscheidung stattgefunden hat, ist nicht nur der Koketterie eigentümlich. Denn sie kennzeichnet eine ganze Epoche, die nicht mehr in der Lage war, einen eigenen Mittelpunkt zu finden, mit dem eine überzeugende Auskunft über den Wert oder Unwert des bisher eingeschlagenen Weges der sozialen und kulturellen Differenzierung hätte gegeben werden können.

---

125 Ebd., S. 276.

Die Eigenart des Individuellen 7

Es gibt wohl kaum ein Problem, das Simmel mehr bewegt hat als die Frage, wie unter den Bedingungen der modernen Massengesellschaft und des großstädtischen Lebens überhaupt noch eine Form von Persönlichkeit vorstellbar ist, die weder mit den von den verschiedenen sozialen Kreisen zur Verfügung gestellten Rollenangeboten noch mit den durch die moderne Kulturindustrie vorgegebenen Vorbildern für eine authentische Art der Selbstverwirklichung identisch ist. Zwar zeigen seine soziologischen Schriften, dass in der Übernahme sozialer Rollen und der damit möglich gewordenen Kombination der Zugehörigkeit zu unterschiedlichen sozialen Gruppen es für den Einzelnen möglich ist, eine unverwechselbare soziale Identität auszubilden und lebensgeschichtlich zur Entfaltung zu bringen. Gleichwohl ist Simmel davon überzeugt, dass sich unsere Vorstellung vom Menschen nicht darin erschöpfen darf, diesen nur als jeweils besonderen ‚Schnittpunkt' der einzelnen sozialen Kreise und gesellschaftlichen Vorgegebenheiten anzusehen. Denn eine solche Weltanschauung sei überhaupt erst in einer historischen Epoche möglich geworden, die ohnehin dazu tendiere, das scheinbar Absolute in reine Relationen aufzulösen. Der in der deutschen Romantik auftauchende und sich um 1900 radikalisierende Gedanke, dass unsere Vorstellung vom Individuum sich nicht darauf reduzieren dürfe, dieses nur als den willigen Adressaten einer für alle verbindlichen Proklamation der allgemeinen Menschenrechte zu betrachten, sondern dass der „Widerstand des Subjekts, in einem gesellschaftlich-technischen Mechanismus nivelliert und verbraucht zu werden"[126], ernst genommen werden muss, zeigt nämlich, dass gegenüber einer solchen ‚abstrakten' Auffassung von Individualität auch noch andere vorstellbar sind, die sich nicht in dessen Reduktion auf einen verallgemeinerbaren ‚Typus' erschöpfen. Die gerade beim modernen großstädtischen Menschen anzutreffende Sehnsucht nach einem persönlichen Lebensstil, der seine

---

126 Simmel, „Die Großstädte und das Geistesleben" [1903], GSG 7, S. 116.

Eigenart in einer unverwechselbaren Weise zum Ausdruck bringt, unterstreicht nachhaltig die Existenz eines menschlichen Unterscheidungsbedürfnisses, das sich allgemeingültigen Formen der Selbststilisierung wie der jeweils vorherrschenden Mode und Geschmackskultur widersetzt.[127]

Wie muss aber ein Begriff des Individuellen beschaffen sein, der das rein Persönliche eines Menschen nicht einer allgemeinen Merkmalsbestimmung unterwirft, sondern dessen unverwechselbarer Eigenart gerecht wird? Und in welcher Weise kann eine solche ‚qualitative' Form von Individualität lebenspraktisch zur Entfaltung kommen, damit deutlich wird, dass es sich hierbei nicht um ein theoretisches Konstrukt oder um ein reines Hirngespinst eines verzweifelten Intellektuellen handelt, der mit den ‚modernen' Verhältnissen nicht zurechtkommt? Simmel unternimmt für diesen schwierigen Beweisgang unterschiedliche theoretische Anläufe. Zum einen untersucht er die Geschichte der Philosophie unter dem Gesichtspunkt, welche Denker bereits eine solche qualitative Form von Individualität zum Gegenstand ihrer Arbeiten gemacht haben, die auch der von Simmel gesuchten Lösung entspricht. Zum anderen zieht er erneut den Bereich der Kunst als Beleg für die praktische Einlösbarkeit einer solchen radikalen Individualitätsvorstellung in Gestalt eines entsprechenden künstlerischen Werkes heran, das diesen Anforderungen der Einzigartigkeit und Unverwechselbarkeit gerecht wird. Und schließlich unternimmt Simmel einen eigenen Versuch, dieser Eigenart des Individuellen eine moralphilosophische Grundlage zu geben, die sich auf das ‚individuelle Gesetz' einer gegebenen Erscheinung bezieht und die auch für die praktische Lebensführung des Einzelnen eine Orientierungsmöglichkeit anbieten soll. In allen drei Fällen erweist sich Simmel als ein Denker der Individualität, der seinem eigenen Werk eine unverwechselbare Note zu verleihen vermag und der sich damit selbst in die Reihe jener großen Philosophen, Schriftsteller und Künstler stellt, denen er nach der Niederschrift seiner *Philosophie des Geldes* sein Interesse widmet.

Um die eigentümliche Wende zu verdeutlichen, die der Übergang des 18. Jahrhunderts zu dem des 19. Jahrhunderts geistesgeschichtlich darstellt, unterscheidet Simmel zwei Formen des Individualismus. Die eine, die er „quantitativer Individualismus" nennt, bezieht sich auf das Ideal der Freiheit und der Gleichheit, wie es innerhalb der europäischen Aufklärung in der Proklamation der allgemeinen Menschenrechte auch in einer verfassungs- und völkerrechtlich verbindlichen Weise zum Ausdruck kommt und das im deutschen Sprachraum in der Subjektivitätsphilosophie von Kant und Fichte ihren radikalsten Niederschlag gefunden hat. Insbesondere Kant ist für Simmel der Kronzeuge eines philosophischen Denkens, das die neuzeitliche Hinwendung zur Subjektivität zur Grundlage der eigenen Systembildung erhebt

---

127 Ebd., S. 120 ff.

7 Die Eigenart des Individuellen

und ihr in Gestalt des ‚kategorischen Imperativs' eine verallgemeinerbare ethische Grundlage gegeben hat. Indem Kant sich dabei auf das ‚Abstraktum Mensch' und die Geschichte in ‚weltbürgerlicher Absicht', jedoch nicht auf den konkreten Menschen und dessen Leben bezieht, unterwirft er diesen der Herrschaft eines ‚Sittengesetzes', das die qualitativen Unterschiede zwischen den Individuen zugunsten der allgemeinen Forderungen der ‚praktischen Vernunft' vernachlässigt. Simmel zufolge entspricht dieser Formalismus der Kant'schen Philosophie einem Rationalismus, der für das gesamte Denken des 18. Jahrhunderts charakteristisch ist und der nicht nur im politischen Liberalismus, sondern auch in der Herrschaft der Konkurrenz und des freien Welthandels seinen ökonomischen Niederschlag findet. ‚Quantitativ' ist für Simmel ein solcher Individualismus deshalb, weil er im Grunde genommen nur dasjenige an den realen Subjekten berücksichtigt und praktisch gelten lässt, was diese mit allen anderen Menschen verbindet und sie als vernunftbegabte Inkarnationen des allgemeinen ‚Typus Mensch' erscheinen lässt. Die Vernachlässigung des ‚empirischen' zugunsten des ‚intelligiblen' Ich ist die Voraussetzung, aber auch der Preis dafür, dass Individualisierung und Verallgemeinerung innerhalb dieser Vorstellungswelt in der unteilbaren Einheit der Vernunft zusammenfallen und deshalb im Grunde genommen als identisch angesehen werden können.[128]

Diese Identifizierung des Individuellen mit dem Allgemeinen ändert sich erst mit dem Auftauchen von intellektuellen Strömungen, welche diese formale Identität in Frage stellen und ein ganz anderes Verständnis von Individualität geltend zu machen versuchen, das sich auf die unverwechselbare Eigenart des einzelnen Menschen bezieht und insofern nicht mehr zur Grundlage eines allgemeingültigen Sittengesetzes gemacht werden kann. Auf der Suche nach dem jeweils eigenen ‚Gesetz' der individuellen Existenz versuchen Denker wie Goethe und Schleiermacher nämlich der Möglichkeit eines ‚individuellen Allgemeinen' auf die Spur zu kommen, bei dem diese beiden Pole des modernen Weltbildes nicht mehr durch einen theoretischen Formalismus miteinander vermittelt sind, sondern in einer paradoxen Art und Weise unmittelbar zusammenfallen. Im Unterschied zur Vorstellung der Existenz einer allgemeinen ‚Gleichheit vor dem Gesetz' handelt es sich hierbei um eine Auffassung, die Simmel zufolge der arbeitsteiligen Differenziertheit der modernen industriellen Produktion entspricht, die jedem Einzelnen unter Anerkennung seiner persönlichen Qualifikation seinen unverwechselbaren Ort innerhalb eines organisch gedeuteten Ganzen zuweist.[129] Nicht in dem, worin sie sich gleich sind, sondern in dem, worin

---

128 Simmel, „Die beiden Formen des Individualismus" [1901], GSG 7, S. 49 ff.
129 Simmel, „Die Erweiterung der Gruppe und die Ausbildung der Individualität" [1908], GSG 11, S. 811 ff.

sie sich unterscheiden, bemisst sich nun der Eigenwert der einzelnen Menschen, der seit der Romantik zum Prinzip eines „qualitativen Individualismus" erhoben wurde und im Werk von Max Stirner und Friedrich Nietzsche seine prominenteste philosophische Ausgestaltung findet. Indem dieser neue Wertmaßstab nicht mehr die Gleichheit, sondern die Rangdistanz zwischen den Menschen betont und zur Grundlage einer eigenständigen sittlichen Forderung erhebt, mache er deutlich, dass die Welt des Sozialen, wie sie seit dem 19. Jahrhundert von der europäischen Soziologie beschrieben wird, selbst nur eine besondere ‚Perspektive' darstellt, die auch noch andere Beschreibungsformen der Menschheitsgeschichte zulässt als eine ausschließlich auf den ‚gesellschaftlichen Fortschritt' fixierte Betrachtungsweise. Nicht das Individuum sei für die Gesellschaft da, sondern die Gesellschaft bilde selbst nur den ‚Unterbau' für eine neue Höherentwicklung des Typus Mensch – mit dieser ‚Umwertung' des wertesetzenden Blickes führt Nietzsche eine Problembeschreibung in die moderne Kultur- und Sozialphilosophie ein, mit der sich Simmel ausführlich auseinandersetzt und die er bei seinem Versuch einer theoretischen Fundierung der bereits von dem protestantischen Theologen Friedrich Schleiermacher und den deutschen Frühromantikern vertretene Auffassung, dass es ein unverwechselbares „individuelles Gesetzes" der Lebensführung gebe, fruchtbar zu machen versucht.[130]

Nietzsches Philosophie wird dabei in den Augen Simmels zum eigentlichen Prüfstein dafür, ob sich neben einer rein soziologischen Betrachtungsweise der modernen Individualitätsproblematik auch noch eine andere vorstellen lässt, die sich nicht auf die formale Gleichheit, sondern auf die Besonderheit des einzelnen Menschen bezieht. Und Nietzsche ist auch derjenige Denker, dem nicht mehr das vermeintliche Wohl der Gesamtgesellschaft, sondern in erster Linie eine ‚wertmäßige' Höherentwicklung der Menschheit am Herzen liegt, die sich immer nur in Gestalt einzelner Menschen ergeben kann. Seine radikale Absage an den ungebrochenen Optimismus der europäischen Aufklärung, durch den auch noch die Gesellschaftslehren des 19. Jahrhunderts geprägt sind, stellt insofern eine grundsätzliche Infragestellung jenes ursprünglich auch von Simmel in Gestalt eines moderaten Evolutionismus geteilten Weltbildes dar, das er später selbst relativiert.[131] Neben seiner Auseinandersetzung mit Nietzsche ist Simmel aber auch auf dem Gebiet der Kunst an modernen Erscheinungsformen dieses ‚aristokratischen Radikalismus' interessiert. Dies zeigt sich unter anderem an seiner Aufgeschlossenheit gegenüber dem Werk von Stefan George, das er als die artistische Form der Einlösung einer

---

130 Schopenhauer und Nietzsche. Ein Vortragszyklus [1907], GSG 10, S. 348 ff.
131 Grundfragen der Soziologie, S. 122 ff.; Zu Simmels Nietzsche-Rezeption siehe auch Lichtblau, Die Eigenart der kultur- und sozialwissenschaftlichen Begriffsbildung, a. a. O., S. 97 ff.

7 Die Eigenart des Individuellen

solchen qualitativen Form des Individualismus betrachtet, die er später zur Grundlage seiner eigenen kunstgeschichtlichen und kunstphilosophischen Untersuchungen macht. In den Werken von Nietzsche und Stefan George sieht Simmel nämlich einen völlig neuen Wertbegriff gegeben, der ihn dazu veranlasst, die von ihm in seiner Auseinandersetzung mit Julius Langbehn noch bestrittene Möglichkeit einer neuen künstlerischen Weltanschauung auf dem Boden eines solchen qualitativen Individualismus fortan ernst zu nehmen und im Hinblick auf ihre geistes- und kulturgeschichtliche Bedeutung eingehender zu untersuchen.

Doch worin besteht eigentlich das radikal Neue an Nietzsches Wertempfinden? Simmel sieht dieses in einem Vornehmheitsideal begründet, das auf der aristokratischen Distanzierung des Einzelnen von der Masse beruht und jede Art der Vergleichung mit dem ‚gemeinen' Menschen kategorisch ablehnt. Nicht die Zugehörigkeit zu einem Kollektiv, sondern die jeweilige Distanz und Rangordnung zwischen den einzelnen Menschen bilde hier die Grundlage für einen spezifischen „Vornehmheitswert", der sich prinzipiell nicht verallgemeinern lasse. Vielmehr beruhe er auf einer besonderen Art des Sich-Unterscheidens, die sich einem soziologischen Verständnis von sozialer Differenzierung grundsätzlich entzieht: „Der Unterschied betont hier einerseits den Ausschluß des Verwechseltwerdens, des sich Gemeinmachens; andererseits darf er doch nicht so hervortreten, um das Vornehme aus seinem Sich-selbst-genügen und seiner Reserve herauszulocken und sein Wesen in eine Relation zu anderen zu verlegen. Die Vornehmheit repräsentiert eine ganz einzigartige Kombination von Unterschiedsgefühlen, die auf Vergleichung beruhen, und stolzem Ablehnen jeder Vergleichung überhaupt."[132]

Simmel macht diesen Unterschied zwischen der ‚gemeinen' Form der zwischenmenschlichen Vergleichung und der aristokratischen Distanzierung des Einzelnen von der Masse am Beispiel des sozialen Rollenverhaltens deutlich. Denn während jede Rollenübernahme mit dem Tragen einer ‚Maske' identisch ist, hinter welcher der einzelne Mensch seine unverwechselbare Identität zu verbergen vermag, braucht der vornehme Mensch im Grunde genommen eine solche Maske gar nicht. Denn selbst diese Form der Verheimlichung und der Verstellung stellt noch einen Tribut an die öffentliche Meinung dar, die gerade im Sich-Verbergen den Einzelnen umso enger an die kollektiven Wertschätzungen der ihn umgebenden Gesellschaft kettet: „Die vollkommene Vornehmheit in sittlicher wie in geistiger Hinsicht verschmäht jedes Verbergen, weil ihre innere Sicherheit sie gleichgültig dagegen macht, was andre von uns wissen oder nicht wissen, ob sie uns richtig oder falsch, hoch oder niedrig schätzen; die Heimlichkeit ist ihr eine Konzession an die Außenstehenden, eine Abhängigkeit des Benehmens von der Rücksicht auf sie. Darum ist die ‚Maske',

---

132 Simmel, „Zum Verständnis Nietzsches" [1902], GSG 7, S. 62 f.

die so mancher für das Zeichen und den Beweis seiner aristokratischen, der Menge abgewandten Seele hält, gerade der Beweis der Bedeutung, die die Menge für ihn hat. Die Maske des wahrhaft Vornehmen ist, daß die Vielen ihn doch nicht verstehen, ihn sozusagen überhaupt nicht sehen, auch wenn er sich hüllenlos zeigt."[133]

In dieser unvergleichbaren Rangdistanz und Andersartigkeit sieht Simmel ein emphatisches Verständnis von Persönlichkeit gegeben, das nicht nur der neuartigen Wertlehre Nietzsches zugrunde liegt, sondern bei dem auch ein ästhetisches Wertempfinden zum Ausdruck kommt. Denn auch innerhalb der Kunstgeschichte bemisst sich die Bedeutung einer Epoche ja nicht an der Summe der in ihr geschaffenen Werke, sondern an dem Wert, der den jeweiligen Höchstleistungen des künstlerischen Schaffens zugesprochen wird. Die unverwechselbare Individualität des großen Kunstwerkes findet Simmel zufolge also eine formale Entsprechung in einem Persönlichkeitsideal, dessen Realisierbarkeit ihrerseits etwas über Art und Ausmaß der Kultivierung eines Zeitalters aussagt und in dem die Frage nach einer möglichen Höherentwicklung des Typus Mensch gemäß dieser neuen Wertungsweise eine Antwort findet. Nicht die Niedrigkeit des Preises, sondern die Vorbildlichkeit des jeweils höchsten Wertes ist im Rahmen dieser Umkehrung der nationalökonomischen Theorie des ‚Grenznutzens' die Gewähr dafür, dass nun das Zentrum und die Peripherie erneut die Stelle miteinander tauschen und der Mensch wieder zum Mittelpunkt aller Wertschätzungen wird.[134]

Simmel hat dieses neue Verständnis des Eigenwerts der Persönlichkeit zunächst im Rahmen seiner Auseinandersetzung mit dem lyrischen Werk von Stefan George entwickelt und später auch seinen großen Künstlermonographien über Rembrandt und Goethe zugrunde gelegt. Gegenüber einem genetisch-psychologischen Verständnis ihrer Werke macht er dabei eine strikt ästhetische Betrachtungsweise geltend, die sich nicht mehr für die historische Entstehung solcher Werke und das konkrete Leben ihrer Schöpfer, sondern ausschließlich für deren ideelle Bedeutung interessiert. Simmel versucht dabei das jeweilige „innere Gesetz" einer gegebenen individuellen Erscheinung aufzuspüren sowie den „Begriff einer das Werk tragenden Persönlichkeit" zu veranschaulichen. Hierbei sieht er Werk und Person dergestalt aufeinander bezogen, dass der „ideelle Charakter" dieser Persönlichkeit die logische Voraussetzung dafür bildet, dass wir ein Kunstwerk als einen einheitlichen, ganz auf sich selbst beruhenden und insofern „völlig selbständigen Kosmos" ansehen können. Denn nur ein solcher Persönlichkeitsbegriff erlaube die Herstellung eines

---

133 Simmel, „Das Geheimnis und die geheime Gesellschaft" [1908], GSG 11, S. 444.
134 Simmel, „Friedrich Nietzsche. Eine moralphilosophische Silhouette" [1896], GSG 5, S. 115 ff.

inneren Zusammenhangs seiner einzelnen Bestandteile, „der es für uns erst zur Einheit macht"[135].

Diese innerhalb der Betrachtung eines großen Kunstwerks gewonnene „ideelle Seele" darf aber keinesfalls mit der des „wirklichen Autors" verwechselt werden. Denn die persönliche Zurechnung, die wir bei einem Kunstwerk im Hinblick auf seinen Autor oder Künstler vornehmen, ist nicht von jener Einheit zu trennen, der die einzelnen Bestandteile eines Werkes in unserer eigenen Wahrnehmungsperspektive angehören. Als ‚Symbol' der letzten Geheimnisse der menschlichen Seele nimmt das Kunstwerk dabei den Charakter einer ‚Notwendigkeit' an, die Simmel als seinen „inneren Rahmen" bezeichnet und in deren ‚Gesetzmäßigkeit' die spezifischen Anforderungen des Individuellen und des Allgemeinen unmittelbar zusammenzufallen scheinen: „Das wirklich nur künstlerische Kriterium ist ein individuelles Gesetz, das aus der Kunstleistung selbst aufsteigt und als ausschließlich ihr eigene, ideale Notwendigkeit sie zu beurteilen dient. Der Anspruch der Kunst als solcher: nur aus sich selbst, als Kunst, nicht von einem Außerhalb her, verstanden und beurteilt zu werden, kanalisiert sich hier auf das einzelne Kunstwerk hin."[136]

Stellt insofern jedes große Kunstwerk ein ‚individuelles Allgemeines' dar, dessen Eigenart sich in einer für es charakteristischen Formung niederschlägt, so lassen sich innerhalb der Kunstgeschichte konsequenterweise auch unterschiedliche Versuche einer Darstellung des Individuellen im Kunstwerk feststellen. Diese verweisen auf eine epochenspezifische und kulturkreishafte Bindung der jeweiligen künstlerischen Produktion. Simmel unterscheidet in seinen späteren Schriften nicht nur zwischen einem „romanischen" und einem „germanischen Ideal" der Individualität, das in den voneinander abweichenden kulturellen Überlieferungen und dem spezifischen Wertempfinden der einzelnen Völker begründet liegt, sondern er verweist auch auf die entsprechenden religiösen Traditionen, die in diesem Fall zu einer bemerkenswerten Aufwertung der Individualitätsproblematik innerhalb der Kunst geführt haben.[137] Zwar ist ihm zufolge ein emphatisches Persönlichkeitsideal, wie er es insbesondere in den Werken von Shakespeare, Rembrandt und Goethe zum Ausdruck kommen sieht, untrennbar mit der christlichen Überlieferung verbunden. Denn nur eine monotheistische Form der Religion habe die Entwicklung einer strikt personalistischen Gottesvorstellung begünstigt, die Simmel als die reinste und radikalste Realisierung des Persönlichkeitsbegriffs ansieht.[138] Gleichwohl habe erst die Reformation in den protestantischen Kernländern den Weg hin zu

---

135 Simmel, „Stefan George. Eine kunstphilosophische Studie" [1901], GSG 7, S. 31 ff.
136 Simmel, „Gesetzmäßigkeit im Kunstwerk" [1918], GSG 13, S. 388.
137 Simmel, „Individualismus" [1917], GSG 13, S. 299 ff.
138 Simmel, „Die Persönlichkeit Gottes" [1911], GSG 14, S. 349 ff.

einer wirklichen künstlerischen Bewältigung des Problems der unverwechselbaren Persönlichkeit eines Menschen frei gemacht, da auch noch für das Sich-Abheben und das Anderssein des selbstherrlichen Renaissancemenschen gilt, was Simmel auch als Kennzeichen eines modernen soziologischen Menschenbildes ansieht: „Er bedarf der Vergleichung und setzt gerade darum ein Allgemeines, Normgebendes, außerhalb der Individuen Stehendes voraus, an dem ihre Besonderheit sich messe."[139]

Dem unvergleichbaren Genie von Shakespeare und Rembrandt sei es dagegen zum ersten Mal innerhalb der europäischen Kunstgeschichte gelungen, die Persönlichkeit eines Menschen auch künstlerisch in einer befriedigenden Art und Weise zur Darstellung zu bringen. An Rembrandts religiöser Kunst interessiert Simmel dabei insbesondere, wie dieser in seinen Porträts das individuelle Leben als unverwechselbaren „Ausdruck des Seelischen" eines Menschen zum Gegenstand seines künstlerischen Werkes macht. Nicht die historische Person Rembrandt steht dabei im Mittelpunkt von Simmels gleichnamiger Monographie aus dem Jahre 1916, sondern die seiner Ansicht nach gelungene Bewältigung eines künstlerischen Problems, das sich in der vorliegenden Form überhaupt erst zu Beginn der Neuzeit im Gefolge der Reformation und der damit einhergehenden religiösen Aufwertung des alltäglichen Lebens des einzelnen Menschen gestellt habe. Während die Porträtgestalten der Renaissance noch den Charakter der überindividuellen Allgemeinheit und damit zugleich des Typischen tragen, vermitteln die von Rembrandt gemalten Figuren Simmel zufolge demgegenüber den Eindruck einer „individuellen Einzigkeit", in der sich die „singuläre Individualität" des persönlichen Lebens mit all seinen Höhen und Tiefen oft auch in einer bereits vom baldigen Tod gekennzeichneten Gestalt widerspiegelt.[140]

Der Mangel an Stilisierung, der Rembrandts Porträts im Unterschied zu dem ‚klassischen Stil' kennzeichne, verdanke sich dabei dem Umstand, dass Rembrandt die konkrete Totalität des Menschen in den Mittelpunkt der künstlerischen Darstellung stelle, die dabei jene typisierende Formung vermeide, wie sie noch für die klassische Kunst charakteristisch sei. Mit dieser Aufwertung der Vergänglichkeit und der Geschichtlichkeit des einzelnen Lebens gegenüber der Zeitlosigkeit des klassischen Formprinzips erhielten die von Rembrandt portraitierten Gestalten einen Wesenszug, den man als ihren „Charakter" bezeichnen könne und der das traditionelle Ideal der Schönheit und Vollkommenheit zugunsten einer gewissen „Formlosigkeit" der künstlerischen Darstellung vernachlässige. Insofern sei bei der von Rembrandt ins Zentrum seines Schaffens gestellten Art der Individualität jene noch für den Renaissancemenschen charakteristische „soziologische Differenz gegen

---

139 „Individualismus", S. 302 f.
140 Simmel, Rembrandt. Ein kunstphilosophischer Versuch [1916], GSG 15, S. 313 ff.

7 Die Eigenart des Individuellen

andere" gänzlich irrelevant geworden. Auch für den Rembrandt'schen Menschen gilt also das, was Nietzsche als unverwechselbare Eigenart des ‚vornehmen' und in sich selbst ruhenden Menschen ansieht: „Nichts ist bei ihm in dieser Hinsicht sozial gefärbt, weder nach der Gleichheitsseite des Typus, noch nach der Verschiedenheitsseite des Mehr- oder Besondersseins."[141]

Diese Vermeidung jeglicher Vergleichung und stilistischen Pointierung verdanke sich bei Rembrandt aber keiner ‚aristokratischen' Distanzierung des großen Individuums gegenüber seiner Umwelt, sondern der Versunkenheit seiner einzelnen Gestalten in ihre „innere Notwendigkeit". Hierdurch nehme ihre Individualität zugleich den Charakter einer neuen Form von ‚Allgemeinheit' an, die sich aber nicht mehr als Repräsentation eines ‚Typus' oder eines gemeinsamen Gattungsmerkmals beschreiben lasse, da hier nicht mehr die Stilisierung durch die formale Gestaltung, sondern die Kontinuität und die Ganzheit eines einheitlichen Lebens dem einzelnen Menschen einen unverwechselbaren Ausdruck verleihen würden. Allein durch den zeitlichen Zusammenhang der verschiedenen Lebensmomente gewönnen seine Porträts eine „einzigartige Beseeltheit", welche die Struktur dieses Lebens in jedem Augenblick und in Gestalt jedes einzelnen Gesichtszuges unmittelbar zur Anschauung bringe: „Dies gelingt ihm, weil sein Individualismus eben eine immanente Verallgemeinerung ist, d.h. allerdings nur dies eine Leben in seiner persönlichsten Umgrenzung darstellt, aber als die Ganzheit seines kontinuierlichen Verlaufes, als die Einheit seiner jetzt gar nicht benennbaren Züge, als das fließende, aller begrifflich gesetzten Grenzen unbewußte Schicksalserleben, das geheimnisvoll in die Einmaligkeit des Anblicks eingegangen ist, ohne die Zeitform des Erlebens einzubüßen. Aufs eindrucksvollste zeigt Rembrandt hiermit, welche schlechthin spezifischen Formungen, allen Kategorien der Theorie unerreichbar, von der Kunst an den letzten geistigen Strukturelementen zu vollziehen sind."[142]

Ist Rembrandt in Simmels Augen ein Beispiel und ‚Symbol' dafür, wie die Kunst die Eigenart einer Person darzustellen vermag, ohne diese den begrifflichen Verallgemeinerungen des denkenden Verstandes zu unterwerfen, so fasziniert ihn an Goethe die einzigartige und unvergleichbare Form seiner geistigen Existenz, die sowohl in seinem Werk als auch in seiner persönlichen Art der Lebensführung ihren Niederschlag gefunden habe. Goethes Leben und Werk steht jedoch nicht in einem herkömmlichen biographischen Sinne im Zentrum von Simmels Interesse, sondern allein das „Urphänomen" Goethe und der „geistige Sinn" seiner Existenz auf der „Ebene des zeitlos bedeutsamen Gedankens"[143]. Eine solche kunstphiloso-

---

141 Ebd., S. 424.
142 Ebd., S. 432 f.
143 Simmel, Goethe [1918], GSG 15, S. 9

phische Betrachtung der Individualität Goethes bezieht sich insofern auch nicht auf die konkreten Einzelheiten seines Lebens und Werkes, sondern auf ihren ‚inneren' Zusammenhang, weshalb Simmels Buch über Goethe aus dem Jahre 1913 auch den Eindruck erweckt, dass „man in jedem seiner Kapitel eigentlich dasselbe wie in jedem andern zu lesen meinte"[144].

Das „typische Gesetz" dieses individuellen Lebens gilt es deshalb zu verstehen und an seinen einzelnen Momenten exemplarisch zu verdeutlichen. An Goethes Existenz beeindruckt Simmel dabei am meisten, dass hier eines der größten Genies aller Zeiten offensichtlich bewusst den Weg des „Allgemein-Menschlichen" und des normalen täglichen Lebens mit all seinen Trivialitäten und Beschränkungen gegangen sei, ohne sich in einer „qualitativen Einsamkeit" und in einer selbststilisierten Reserve gegenüber seinen Mitmenschen zu verlieren, wie dies oft für andere große Schriftsteller, Künstler und Gelehrte der Fall zu sein pflegt. Indem Goethes Leben und Werk so die Möglichkeit einer „Rechtfertigung des bloßen Menschentums aus sich selbst heraus" unter Beweis stellen, verkörpere dieser nicht nur den „Triumph des Rein-Menschlichen", sondern zugleich den gelungenen Fall einer Individualität von allgemeiner Bedeutung, wie ihn Simmel als Vorbild für ein in sich selbst ruhendes und zur Erfüllung gelangtes Leben ansieht.[145] Die in Gestalt Goethes und bei Friedrich Schleiermacher erstmals in ethischer Form anzutreffende Vorstellung, „daß das Absolute nur in der Form des Individuellen lebe, daß die Individualität nicht eine Einschränkung des Unendlichen sei, sondern sein Ausdruck und Spiegel"[146], wird also für Simmel zur Gewissheit dafür, dass auch in der Moderne eine individuelle Gestaltung des eigenen Lebens möglich sein muss, die sich der allgemeinen Vergleichbarkeit entzieht und einer diesem immanent zukommenden Form der Notwendigkeit folgt.

Das „Wunder der Kunst" wird deshalb von Simmel im Anschluss an Schleiermachers ethische Vorstellungen als Modellfall dafür angesehen, wie eine solche Existenzweise beschaffen sein müsste, die nur noch ihrem eigenen ‚individuellen Gesetz' folgt und die sich an der Eigenart des eigenen Lebensentwurfes orientiert. Nietzsches kosmologische Fassung der Lehre von der ‚ewigen Wiederkehr des Gleichen' wird von Simmel dabei in einem strikt moralphilosophischen Sinne umgedeutet und deren ‚züchtender Gedanke' folgendermaßen formuliert: „Kannst du wollen, daß dieses dein Tun dein ganzes Leben bestimme?"[147] Der in Form eines Sittengesetzes auf die ethische Verallgemeinerung einer Norm bezogene kategorische Imperativ

---

144 Ebd., S. 10.
145 Ebd., S. 270.
146 Grundfragen der Soziologie, S. 94.
147 Lebensanschauung. Vier metaphysische Kapitel [1918], GSG 16, S. 421.

7 Die Eigenart des Individuellen

Kants wird insofern nicht mehr im Hinblick auf die Breitendimension, sondern im Hinblick auf die Längendimension des Lebens eines Menschen gedacht. Denn nur so könne deutlich gemacht werden, dass jeder Augenblick unserer bewusst erfahrenen Existenz eine immanente Forderung enthält, diesen zugleich auf die Gesamtheit unseres eigenen Lebens zu beziehen. Simmel bringt dies in folgendem moralphilosophischen Diktum zum Ausdruck: „Schon in dem Gesolltwerden jedes einzelnen Tuns liegt die Verantwortung für unsere ganze Geschichte."[148] Mit dieser der inneren Konsistenz einer Biographie entnommenen Verbindung von Individualität und Gesetzlichkeit sieht Simmel eine mögliche Versöhnung des neuzeitlichen Gegensatzes zwischen ‚Freiheit' und ‚Notwendigkeit' gegeben, ohne diese sittliche Forderung dem einzelnen Leben als ein ihm Fremdes gegenüberzustellen, sondern als ein aus diesem selbst Entspringendes zu würdigen. Die „Gesetzmäßigkeit im Kunstwerk" stellt insofern selbst ein ‚individuelles Gesetz' dar, bei dem das ‚Sein' und das ‚Sollen' nicht mehr antagonistisch gegenüberstehen. Vielmehr sind diese nun in Gestalt einer neuartigen Form der ‚Objektivität' und immanenten ‚Notwendigkeit' des Individuellen zur Deckung gebracht worden, auch wenn deren Realisierung für den einzelnen Menschen im Rahmen seiner Lebensführung scheinbar unüberwindbare praktische Schwierigkeiten mit sich bringen mag.[149]

---

148 Simmel, „Das individuelle Gesetz. Ein Versuch über das Prinzip der Ethik" [1913], GSG 12, S. 468; vgl. ferner Lebensanschauung, S. 423.
149 „Gesetzmäßigkeit im Kunstwerk", S. 388.

Das religiöse Apriori

8

Dass in Simmels Werk die Auseinandersetzung mit der Religion zunehmend an Bedeutung gewonnen hat, wurde bereits mehrfach angedeutet. Doch in welchem Sinn gebraucht er überhaupt den Begriff der ‚Religion' und den mit ihm in einem engen Zusammenhang stehenden Begriff der ‚Religiosität'? Der Zugang zu seinen diesbezüglichen Arbeiten wird dadurch erschwert, dass sich in Simmels Ausführungen über die Religion und das religiöse Leben drei werkgeschichtliche Phasen überlagern. Dies ist auch der Grund, warum in der Sekundärliteratur wiederholt die Meinung vertreten wird, dass uns Simmel keine konsistente Theorie der Religion hinterlassen habe. Dieser Eindruck hält aber einer genaueren Überprüfung nicht stand. Werkgeschichtlicher Ausgangspunkt seiner diesbezüglichen Überlegungen ist die Frage, ob es möglich ist, die religiöse Sphäre auf soziale Sachverhalte zurückzuführen. Ursprünglich neigt Simmel dazu, diese Frage eindeutig zu bejahen und insofern einen reduktionistischen Zugang zum Phänomen der Religion zu verfolgen. Bezüglich der Frage nach der Entstehung der Religion schließt er sich dabei der Evolutionstheorie von George Herbert Spencer an. Dieser zufolge geht jede organische Entwicklung von einem ursprünglich homogenen Zustand aus, in dem die einzelnen Elemente noch nicht voneinander geschieden und insofern auch nicht voneinander unterscheidbar sind. Vermittels eines Prozesses der funktionalen Differenzierung gewinnen diese jedoch zunehmend eine relative Selbständigkeit, bis schließlich eine entwickelte Form der Einheit entsteht, in der die einzelnen Elemente beziehungsweise ‚Organe' einer Ganzheit funktional aufeinander bezogen sind.

Simmels differenzierungstheoretische Überlegungen werden im Laufe der Zeit jedoch durch transzendentallogische Fragestellungen überlagert. Ihnen zufolge beruht jede menschliche Form der Erkenntnis auf ‚apriorischen' Voraussetzungen, die nicht auf empirische Erfahrung zurückgeführt werden können, sondern diese überhaupt erst ermöglichen. Eine solche konstitutionstheoretische Fragestellung, die sich der *Kritik der reinen Vernunft* von Immanuel Kant verdankt, steht jedoch in einem offensichtlichen Widerspruch zu Simmels Anleihen bei der Evolutionstheorie von Spencer. Denn im Anschluss an Spencer verfolgt der ‚junge' Simmel noch „die Maxime: jedem einzelnen Apriori gegenüber (darum aber keineswegs dem Apriori überhaupt gegenüber!) die genetische Zurückführung auf Erfahrung zu versuchen"[150]. In Simmels späteren intellektuellen Entwicklungsphase, die durch die moderne Lebensphilosophie geprägt ist, werden die verschiedensten ‚Aprioritäten' jedoch als nicht weiter zurückführbare Formen der Weltanschauung aufgefasst, die den gleichen ‚Weltinhalt' unter verschiedenen Gesichtspunkten zum Gegenstand haben. Auch die ‚Wirklichkeit' beziehungsweise die Welt des ‚Alltags' stellt dieser Auffassung zufolge nur eine von mehreren möglichen Weltansichten dar, zu denen Simmel unter anderem auch die Religion beziehungsweise die religiöse Erfahrung zählt.[151] Dies erklärt auch, warum seine sich mit dem Phänomen der Religion beschäftigenden Veröffentlichungen entweder alle disziplinspezifischen Festlegungen vermeiden oder sich bereits im Titel als Beitrag zur Erkenntnistheorie der Religion beziehungsweise zur Religionsphilosophie zu erkennen geben. Nur in einem Fall nimmt Simmel für seine entsprechende Arbeit den Status einer ‚Soziologie der Religion' in Anspruch. Es handelt sich dabei um seinen gleichnamigen Aufsatz aus dem Jahre 1898, den er teilweise in seine Monographie *Die Religion* einarbeitet, die 1906 in der von Martin Buber herausgegebenen Schriftenreihe „Sammlung sozialpsychologischer Monographien" erscheint und 1912 in einer überarbeiteten und erweiterten Fassung ihre endgültige Gestalt annimmt.[152]

Der Grund für diese soziologische Enthaltsamkeit in Sachen Religion ist relativ einfach zu verstehen. Simmels Religionsphilosophie liegt nämlich eine Form/Inhalt-Unterscheidung zu Grunde, die nicht mit den in seiner ‚großen' Soziologie behandelten ‚Formen der Vergesellschaftung' identisch ist. Denn der seinen religionsphilosophischen Schriften zugrundeliegende Begriff der ‚religiösen Form' stellt keine formalsoziologische Kategorie dar. Dies schließt jedoch nicht aus, dass die von Simmel in seinen soziologischen Schriften behandelten Formen der Vergesell-

---

150 Philosophie des Geldes, S. 113; siehe hierzu auch Simmel, Die Probleme der Geschichtsphilosophie. Eine erkenntnistheoretische Studie [1892], GSG 2, S. 304 ff.

151 Simmel nimmt in diesem Zusammenhang zentrale Annahmen der modernen Wissenssoziologie vorweg. Ein prominentes Beispiel hierfür ist Alfred Schütz's Theorie der „mannigfaltigen Wirklichkeiten". Vgl. ders, Das Problem der sozialen Wirklichkeit. Gesammelte Aufsätze, Band 1, Den Haag 1971, S. 392 ff.

152 Vgl. Georg Simmel, „Zur Soziologie der Religion" [1898], in: GSG 5, S. 266 ff.; vgl. ders., Die Religion, [1906 / 1912] in: GSG 10, S. 39–118. Zur Bedeutung der Schriftenreihe, in dem Simmels Buch Die Religion erschienen ist, siehe Eberhard R. Wiehn, „Zu Martin Bubers Sammlung ‚Die Gesellschaft'. Ein fast vergessenes Stück Soziologiegeschichte in Erinnerung an den 25. Todestag ihres Herausgebers 1990", in: Jahrbuch für Soziologiegeschichte 1991, Opladen 1992, S. 183–208.

schaftung auch für die empirische Analyse des religiösen Lebens herangezogen werden können. Denn Simmel geht ausdrücklich davon aus, „daß auch das in sich geschlossene religiöse Leben Momente enthält, die nicht spezifisch religiös, sondern sozial sind, bestimmte Arten der gegenseitigen Gesinnung und Praxis, die freilich mit der religiösen Stimmung organisch verwachsen, aber erst, indem sie soziologisch herausanalysiert werden, erkennen lassen, was denn an dem religiösen Verhalten als die rein religiösen – und als solche gegen alles Soziale gleichgültigen – Elemente gelten dürfte."[153] Jedoch ändert dies nichts an dem Umstand, dass für ihn die religiöse Welt eine eigenständige ‚Potenz' darstellt, die nicht auf rein ‚soziale' Sachverhalte zurückgeführt werden kann. Im Unterschied zu den verschiedenen Formen der Vergesellschaftung gebraucht Simmel den Begriff der religiösen Form überdies im Singular, und nicht im Plural. Doch was hat es mit dieser ‚religiösen Form' auf sich? Und in welcher Weise gebraucht Simmel den damit in engem Zusammenhang stehenden Begriff des ‚religiösen Apriori'?

Die Eigenart von Simmels Religionsverständnis kann durch den Vergleich mit einer religionssoziologischen Grundannahme von Emile Durkheim verdeutlicht werden, der Zeitgenosse Simmels war und der unbestritten als Mitbegründer der modernen Religionssoziologie gilt. Denn Simmel ist von der Existenz einer spezifisch „religiösen Logik" beziehungsweise einer „besonderen Gesetzlichkeit" der religiösen Sphäre überzeugt.[154] Diese beruht jedoch auf einer anderen Verhältnisbestimmung zwischen dem Religiösen und dem Sozialen als bei Durkheim. Durkheim zufolge ist das archaische religiöse Leben, aus dem sich unter anderem auch die logischen Kategorien des menschlichen Verstandes entwickelt haben, der Nukleus der überhaupt erst eine religionssoziologische Vergleichbarkeit der großen Weltreligionen möglich macht, weil sie alle dieser gemeinsamen Wurzel entstammen.[155] Simmel zufolge ist es dagegen der am Höchsten entwickelte Stand der Religion, der ihre diffusen Anfänge überhaupt erst begreifbar macht. Außerdem ist für ihn die Religion nicht die einzige Möglichkeit, eine normative Ordnung des menschlichen Zusammenlebens sicherzustellen. Vielmehr geht Simmel von der Möglichkeit des „Religiöswerden(s) von Verhältnissen" aus, die auch durch andere Formen wie zum Beispiel dem Recht und der Sitte normativ geregelt werden können. Der Ausgangspunkt dieser universalgeschichtlichen Entwicklung ist ihm zufolge in disziplinärer Hinsicht dabei völlig unbestimmt: „Ja, es scheint, daß die notwendige Ordnung der Gesellschaft vielfach von einer ganz undifferenzierten Form ausgegangen wäre, in

---

153 Grundfragen der Soziologie, S. 75.
154 Die Religion, S. 44 f.
155 Vgl. Émile Durkheim, Die elementaren Formen des religiösen Lebens, Frankfurt am Main 1981, S. 17 ff.

der die moralische, die religiöse, die juristische Sanktion noch in ungeschiedener Einheit geruht hätten [...] und daß dann je nach den verschiedenen historischen Umständen bald die eine, bald die andere Bildungsform sich zum Träger solcher Ordnungen entwickelt habe."[156]
Was jedoch einer ausschließlich evolutionstheoretischen Betrachtungsweise des religiösen Lebens widerspricht, ist der Umstand, dass Simmel die Existenz einer autonomen ‚religiösen Form' beziehungsweise eines entsprechen ‚religiösen Apriori' nicht nur in erkenntnistheoretischer, sondern auch in faktischer Hinsicht voraussetzt. Denn ein solches ‚Apriori' mache das „Religiöswerden von (sozialen) Verhältnissen" überhaupt erst möglich.[157] Dies setzt voraus, dass das erkennende Subjekt nicht wie in der Transzendentalphilosophie von Kant außerhalb der empirischen Welt steht, das heißt in diesem Fall streng von den ‚Phänomenen' zu trennen ist, sondern dass es die alltäglichen Menschen selbst sowie die für religiöse Fragen zuständigen Institutionen sind, die in ihrer konkreten Lebenspraxis und in ihren gelehrten Auslegungen darüber bestimmen, was ‚Religion' sowie ihre korrekte Ausübung eigentlich ist. Hierbei handelt es sich um eine bemerkenswerte Parallele zu Simmels berühmtem „Exkurs über das Problem: Wie ist Gesellschaft möglich?" von 1908, auf die noch einzugehen sein wird. Simmel spricht in diesem Zusammenhang auch von einer Aufnahme gewisser „sozialer Beziehungen", „Gefühlsspannungen" und „Bedeutungen" in die religiöse Form, ohne dass dabei präjudiziert sei, dass sich Soziales auf Religiöses oder Religiöses auf Soziales reduzieren lässt. Die „religiöse Form" beziehungsweise die „religiöse Kategorie" könnten insofern die sozialen Beziehungen als ihr „Material" nur durchdringen und formen, sie aber nicht selbst schaffen und umgekehrt.[158] Dennoch sind sie in entwicklungsgeschichtlicher Hinsicht untrennbar miteinander verwachsen, was eine gewissen „Formgleichheit" zwischen ihnen auf Dauer sicherstellt. Simmel führt diese auf „tief gelegene Bewegungsformen des seelischen Lebens" beziehungsweise auf die „Einheit einer ganz allgemein formbestimmenden Wurzel" zurück.[159] Insofern handelt es sich bei dieser Formgleichheit auch nicht um eine „zufällige Gleichheit gegeneinander gleichgültiger Erscheinungen", sondern um eine „Identität des seelischen Grundverhaltens"[160].

Deshalb können auch die verschiedenen Formen der Vergesellschaftung dahingehend untersucht werden, inwiefern sie selbst ‚religioide' Elemente enthalten oder

---

156 Simmel, Die Religion, S. 56.
157 Ebd., S. 55 ff.
158 Ebd., S. 59.
159 Ebd., S. 42; vgl. dort auch S. 52.
160 Ebd., S. 47.

nicht. Hier kommt der gemeinsame entwicklungsgeschichtliche Zusammenhang von ‚Religion' und ‚Gesellschaft' zum Zug, auch wenn diese sich zu jeweils autonomen Sphären ausdifferenziert haben. Denn Simmel sagt ausdrücklich: „Es gibt eben soziale Verhältnisse, Relationen der Menschen untereinander, die sozusagen ihrer Form nach religiöse Halbprodukte sind. Es sind dieselben Beziehungswerte, die von ihrem sozialen Interessengehalt gelöst und in die transzendente Dimension erhoben, Religion im engeren, selbständigen Sinn bedeuten."[161] Dies darf jedoch nicht darüber hinwegtäuschen, dass dieses mit der „Religion als differenziertem Gebiet" nichts zu tun hat. Die ‚religiöse Form' besitzt insofern eine funktionale Gemeinsamkeit mit einer Reihe anderer ‚Formen' beziehungsweise ‚Kategorien' wie der sozialen, der ästhetischen und der ökonomischen Sphäre, die ebenfalls die verschiedenen ‚Welt-Inhalte' von einem besonderen Gesichtspunkt aus betrachten und gerade dadurch ihre Eigenlogik beziehungsweise ihren jeweiligen Eigenwert zur Geltung bringen.[162]

‚Soziologisch' im engeren Sinne sind zwei unterschiedliche Weisen von Simmels Umgang mit religiösen Phänomenen. Zum einen können bestimmte Erscheinungsformen des religiösen Lebens wie das Priestertum, die Kirche, die Sekte sowie der Ketzer zum Gegenstand einer ‚formalsoziologischen' Betrachtung gemacht werden. Dies setzt allerdings eine ‚entwickelte' Form der Religion voraus, wobei die soziologische Betrachtungsweise religiöser Phänomene den eigentlichen ‚Wahrheitswert' der Religion und ihrer verschiedenen Rituale und Dogmen überhaupt nicht tangiert. Überdies kann Simmel zufolge mit einer genetischen Zurückführung des religiösen Lebens auf soziale Sachverhalte nicht der eigentliche „historische Hergang der Religionsschöpfung" beschrieben, sondern nur „einer ihrer vielen Quellen" aufgezeigt werden.[163] Betroffen davon sind auch jene Phänomene der religionsgeschichtlichen Entwicklung, „deren Auftreten und Wirksamkeit lange nach der Zeit des ‚Ursprungs' der Religion liegt"[164]. Diese stellen nämlich die Voraussetzung dafür dar, dass der historische Ursprung der Religion überhaupt eindeutig bestimmt werden kann. Denn ohne einen präzisen Begriff der Religion kann darüber nur spekuliert werden.

Zum anderen ist eine grundbegriffliche Unterscheidung von soziologischer Bedeutung, die Simmel in seinen Arbeiten über die Religion vornimmt. Denn entsprechend seiner Gegenüberstellung von objektiver und subjektiver Kultur unterscheidet Simmel auch zwischen der ‚Religion' einerseits und der ‚Religiosität'

---

161 Die Religion, S. 61.
162 „Zur Soziologie der Religion", S. 273.
163 Ebd., S. 284.
164 Ebd., S. 285.

andererseits. Erstere kennzeichnet den institutionalisierten Bereich des religiösen Lebens, letztere dagegen die religiöse ‚Stimmung' beziehungsweise die subjektive Frömmigkeit im Sinne eines religiösen ‚Gefühls', das heißt eines rein innerpsychischen ‚Erlebnisses'. Simmel orientiert sich bei dieser Unterscheidung zum einen an Friedrich Schleiermachers berühmter Definition der Religion als ein „Sinn und Geschmack für das Unendliche". Zum anderen ist Simmels Verständnis von Religiosität von der sogenannten ‚Stimmungskunst' seiner Zeit geprägt. Stichwortgeber hierfür ist der österreichische Kunsthistoriker Alois Riegl, der 1899 einen programmatischen Aufsatz über „Die Stimmung als Inhalt der modernen Kunst" veröffentlicht hat.[165] Dies erklärt auch das ‚intime' Verhältnis zwischen Kunst und Religion, das sowohl in Simmels religionsphilosophischen Schriften als auch in seinem Buch über Rembrandt von 1916 seinen Niederschlag gefunden hat. Simmels Unterscheidung zwischen ‚Religion' und ‚Religiosität' ist insofern von einer nachhaltigen soziologischen Bedeutung, als sie es denkbar macht, dass die ‚religiöse Funktion' beziehungsweise das religiöse Bedürfnis auch dann noch nicht erloschen sein muss, wenn diesem keine institutionalisierte Gestalt der Religion mehr entspricht. Das religiöse Bedürfnis kann nämlich auch in ganz anderen Sinnsphären wie zum Beispiel der Kunst, der Liebe oder in einer bestimmten Art der Stilisierung der eigenen Lebensführung in Erscheinung treten. Simmels Antwort auf den von Nietzsche proklamierten ‚Tod Gottes' läuft insofern darauf hinaus, die Zukunft der Religion nicht mehr in ihren institutionellen Erscheinungsformen zu suchen, sondern in einer ‚vagabundierenden' Form der subjektiven Frömmigkeit, die sich an jedem beliebigen Lebensinhalt zu entzünden vermag. Deshalb kommt Simmel zu dem Schluss, dass das Leben selbst durch eine ‚religiöse' Struktur gekennzeichnet sei, weshalb er in diesem Zusammenhang auch von einer „Religion des Lebens" spricht.[166]

Eine der rätselhaftesten Formulierungen, die Simmel in den beiden Auflagen seines Buches *Die Religion* gebraucht, betrifft seine Annahme, dass in entwicklungsgeschichtlicher Hinsicht eine allmähliche „Entzauberung des Wertes" festgestellt werden kann.[167] Diese Redewendung wird von Simmel in einer scheinbar recht ‚unvermittelten' Weise eingeführt. Jedoch spricht er bereits einige Seiten zuvor

---

165 Vgl. Alois Riegl, „Die Stimmung als Inhalt der modernen Kunst", in: Graphische Künste 22 (1899), S. 47–56.
166 Vgl. Volkhard Krech, Georg Simmels Religionstheorie, Tübingen 1998, S. 149. Zu dem damit in einem engen Zusammenhang stehenden Begriff der ‚unsichtbaren Religion', der im Gefolge des Bedeutungsverlustes der großen Volkskirchen in der westlichen Welt und der damit einhergehenden ‚Krise' der traditionellen Kirchensoziologie geprägt worden ist, siehe Thomas Luckmann, Die unsichtbare Religion, Frankfurt am Main 1991.
167 Vgl. Die Religion, S. 99.

bezüglich magischer Praktiken im alten Indien von „Zauberei". Es geht dabei um den Versuch, durch gewisse Opfer beziehungsweise ‚Geschenke' die Götter gnädig zu stimmen und für die eigenen Zwecke zu verpflichten.[168] Es liegt also nahe, dass diese beiden Begriffe in einem engen inhaltlichen Bezug zueinander stehen. Verblüffend dabei ist, dass auch Max Weber im Rahmen seiner universalgeschichtlichen Betrachtungsweise der Religionsentwicklung sinngemäß von einer unentrinnbaren „Entzauberung der Welt" spricht, die allmählich den ‚Zaubergarten' der Magie außer Kraft setze.[169] In der Weber-Forschung ist wiederholt die Frage gestellt worden, woher diese eigenartige Formulierung Webers eigentlich stammen könnte. Dabei wurden sehr kluge Gedanken angestellt, die aber alle nicht zu überzeugen vermögen. Erst in jüngster Zeit ist auch Simmels religionsphilosophische Diagnose einer „Entzauberung des Wertes" als eine der möglichen Inspirationsquellen von Max Webers Diagnose der „Entzauberung der Welt" in Erwägung gezogen worden.[170] Die Annahme, dass er diesbezüglich von Simmel beeinflusst worden sei, ist insofern plausibel, als Weber seine eigenen religionssoziologischen Untersuchungen zur Zeit des Erscheinens der zweiten Auflage von Simmels Buch *Die Religion* in Angriff genommen hat und die entsprechende Formulierung zum ersten Mal in einem Text verwendet, der 1913 als Aufsatz erschienen ist. Bei Weber kennzeichnet dieser Begriff die Ablehnung des magischen Weltbildes durch eine strikt ethische Offenbarungsreligion, wie sie durch die altjüdische Prophetie bezeugt und in der europäischen Neuzeit durch die verschiedenen religiösen Strömungen des ‚asketischen Protestantismus' radikalisiert worden ist. Doch was meint Simmel, wenn er von einer ‚Entzauberung des Wertes' spricht?

Hier kommt eine Unterscheidung ins Spiel, die für Simmels *Philosophie des Geldes* von zentraler Bedeutung ist, nämlich der Gegensatz zwischen der ‚Wirklichkeit' und dem ‚Wert'. Ihm zufolge ist der ‚Wert' ein „Urphänomen", das in einem durch die modernen Naturwissenschaften geprägten Weltbild nicht vorkommt und in

---

168 Ebd., S. 62.
169 Vgl. Max Weber, „Über einige Kategorien der verstehenden Soziologie" [1913], in: ders., Gesammelte Aufsätze zur Wissenschaftslehre, 6. Auflage, herausgegeben von Johannes Winckelmann, Tübingen 1985, S. 433.
170 Vgl. Max Weber, Die protestantische Ethik und der „Geist" des Kapitalismus, herausgeben und eingeleitet von Klaus Lichtblau und Johannes Weiß, Wiesbaden 2016, S. 25; ferner Klaus Lichtblau, „Georg Simmel: Die Religion", in: Michael Kühnlein (Hrsg.), Religionsphilosophie und Religionskritik. Ein Handbuch, Berlin 2018, S. 441 f. Zur älteren Debatte über die Herkunft von Webers Diagnose der „Entzauberung der Welt" siehe Johannes Winckelmann, „Die Herkunft von Max Webers ‚Entzauberungs'-Konzeption", in: Kölner Zeitschrift für Soziologie und Sozialpsychologie 32 (1980), S. 12–53.

dessen Bezugsrahmen auch gar nicht verstanden werden kann.[171] Einen ‚Wert' aus der ‚Wirklichkeit' ableiten zu wollen, würde insofern einen Fehler darstellen, den bereits David Hume kritisiert hat: nämlich die Annahme, dass sich aus reinen Tatsachenfeststellungen normative Urteile im Sinne von ‚Du sollst' beziehungsweise ‚Du darfst nicht' ableiten lassen. Diesen Standpunkt Humes vertritt auch Simmel. Denn gerade, weil der Wert wie die Wirklichkeit ein ‚Urphänomen' ist, sind beide Sphären einander gegenüber völlig ‚indifferent'.

Zentral für Simmels *Philosophie des Geldes* ist dabei eine besondere Form des Wertes, nämlich der ‚ökonomische Wert'. Auch in diesem Fall bedarf es einer ‚genetischen' Betrachtungsweise. Hierbei handelt es sich jedoch um keine historische Kausalerklärung, sondern um eine ‚sinngenetische' Rekonstruktion beziehungsweise um eine rein begriffliche Ableitung, wie sie bereits Marx in seinem Hauptwerk *Das Kapital* vorweggenommen hat.[172] Simmel zufolge muss sich der ökonomische Wert innerhalb eines „aufopfernden Tausches" allerdings überhaupt erst herausbilden, bevor das Geld als Symbol eines allgemeinen ökonomischen Wertäquivalentes die Funktion eines „Generalnenner(s) aller Werte" übernehmen kann.[173] Er beschreibt dabei die Entwicklung des Geldes als einen ‚Läuterungsprozess', in dessen Gefolge das ‚Reich des Wertes' der ‚Wirklichkeit' zunehmend als eine völlig eigenständige Sphäre gegenübertritt. Dieses Entwicklungsstadium entspricht der Ablösung eines ‚objektivistischen' Weltverständnisses, wie es unter anderem auch in den sogenannten ‚objektiven' Wertlehren anzutreffen ist, durch eine ‚relativistische' Wert- und Geldauffassung, der zufolge der ‚Wert' des Geldes ausschließlich in seiner Funktion als Zirkulationsmittel und allgemeines ökonomisches Wertäquivalent begründet ist. Insofern kann man auch von einer ‚Entzauberung' des ökonomischen Wertes durch das Geld, zugleich aber auch von einer ‚Entzauberung des Geldes' sprechen, da dessen ursprünglicher ‚Substanzwert' zunehmend durch seinen reinen ‚Funktionswert' ersetzt wird.[174]

---

171 Vgl. Philosophie des Geldes, S. 27.
172 Vgl. Klaus Lichtblau, Das Zeitalter der Entzweiung. Studien zur politischen Ideengeschichte des 19. und 20. Jahrhunderts, Berlin 1999, S. 182 ff.; zur logischen Eigenart einer ‚sinngenetischen Interpretation' siehe auch Karl Mannheim, Wissenssoziologie. Auswahl aus dem Werk. Eingeleitet und herausgegeben von Kurt H. Wolff, Neuwied und Berlin 1964, S. 396 ff.
173 Vgl. Philosophie des Geldes, S. 55 ff.; siehe ferner Simmel, „Zur Psychologie des Geldes" [1889], GSG 2, S. 49 ff.
174 Philosophie des Geldes, S. 173 ff.; zur entsprechenden „Doppelrolle des Geldes" siehe Paschen von Flotow, Geld, Wirtschaft und Gesellschaft. Georg Simmels „Philosophie des Geldes", Frankfurt am Main 1995, S. 93 ff. und 156 ff.

8 Das religiöse Apriori

Wenn Simmel in religionsgeschichtlicher Hinsicht von einer ‚Entzauberung des Wertes' spricht, meint er damit ebenfalls eine immer ‚reinere' beziehungsweise ‚sublimere' Scheidung zwischen dem vormals Vermischten, nämlich der ‚Wirklichkeit' und dem ‚Wert'. Wer oder was wird dadurch aber ‚entzaubert'? Entzaubert werden zum einen die ‚Wirklichkeit' beziehungsweise die ‚Weltinhalte', denen keine wertmäßige Dignität mehr zukommt. Zum anderen wird aber auch der ‚Wert' selbst entzaubert, weil er nun auf sich selbst gestellt ist und insofern einer Verankerung in der Objektwelt nicht mehr bedarf. Ihm fehlt also fortan der Schleier, der ihn bis dahin gewissermaßen verborgen hat. Aber auch die ‚Wirklichkeit' wird durch diesen Entwicklungsprozess zunehmend ‚entzaubert', weil sie durch ihn alles ‚Werthafte' verliert und nur noch ihre reine Faktizität übrigbleibt, die das ‚Material' beziehungsweise den ‚Inhalt' völlig unterschiedlicher Weltsichten beziehungsweise Weltanschauungen darstellt.

Simmels Sprachgebrauch weicht also in einem entscheidenden Punkt von dem Max Webers ab. Denn während Weber bei der ‚Entzauberung der Welt' die Zurückdrängung der Magie durch eine ethisch begründete Offenbarungsreligion im Auge hat, geht Simmel zufolge durch diesen Entzauberungs- beziehungsweise Differenzierungsprozess auch dem Werthaften selbst – in Webers Fall ist es die religiöse Ethik – etwas Zauberhaftes verloren, nämlich ihre einstmalige Einheit mit der ‚Wirklichkeit' beziehungsweise der ‚Welt'. Fortan kreist also das Reich des Normativen beziehungsweise das ‚Reich der Werte' – und damit ist nicht nur die ökonomische, sondern auch die religiöse Sphäre gemeint – nur noch um sich selbst herum. Ihm fehlt philosophisch gesprochen also ein *fundamentum in re* beziehungsweise eine ‚Verankerung in der Sache'. Diese Kluft kann dann nur noch durch Fiktionen beziehungsweise eine entsprechende ‚Hilfshypothese' überbrückt werden. Im Falle des Geldes ist es das unerschütterliche Vertrauen in den Geldwert und die einzelnen Geldwährungen, im Falle der Religion dagegen der Glaube beziehungsweise die ‚Frömmigkeit', was erneut den Verdacht schürt, dass das Verhältnis zwischen der Geldwirtschaft und der Religion offensichtlich ein sehr ‚intimes' ist, wovon übrigens nicht nur Marx, sondern auch Simmel überzeugt ist.[175]

Doch in welchem Sinn gebraucht Simmel den Begriff des ‚religiösen Apriori', der den beiden Fassungen seines Buches *Die Religion* von 1906 und 1912 zugrunde liegt? In seinem berühmten „Exkurs über die Frage: Wie ist Gesellschaft möglich?"

---

175 Simmel nennt den ‚Glauben' ausdrücklich als Beispiel für eine Identität des seelischen Grundverhaltens in der religiösen und der sozialen Sphäre, zu der auch die Geldwirtschaft zählt. Vgl. Die Religion, a. a. O., S. 42 ff. Zur entsprechenden ‚Religion des Geldes' siehe auch Christoph Deutschmann, Die Verheißung des absoluten Reichtums. Zur religiösen Natur des Kapitalismus, Frankfurt am Main 2001.

von 1908 erwähnt Simmel drei „soziologische Apriori täten", die erforderlich seien, damit wir überhaupt von einer ‚menschlichen Gesellschaft' sprechen können.[176] Insofern liegt die Annahme nahe, dass es eine Gemeinsamkeit zwischen den drei ‚sozialen' Apriori einerseits und dem ‚religiösen Apriori' andererseits gibt, die über reine werkgeschichtliche Zufälligkeiten hinausgeht, auch wenn Simmel im ersten Fall den Begriff ‚Apriori' im Plural, im zweiten Fall dagegen im Singular verwendet und den Begriff der ‚religiösen Form' unmissverständlich von den verschiedenen ‚Formen der Vergesellschaftung' abgrenzt. Nun, auch das religiöse Apriori macht etwas möglich, nämlich die ‚Welt der Religion' sowie die Identifizierung dessen, was Simmel als die ‚religiöse Funktion' bezeichnet. Ihm zufolge ist dabei von zentraler Bedeutung, ob sich bestimmte ‚Stimmungen' und ‚Gefühle', die gemäß diesem Apriori als ‚religiös' einzustufen sind, sich in einem objektiven Gebilde kristallisiert haben, das Simmel als ‚Religion' bezeichnet, oder nicht. Umgekehrt kann auch die ‚Religion' nur durch ein spezifisches Gefühl beziehungsweise eine entsprechende ‚Stimmung', die Simmel als ‚Frömmigkeit' bezeichnet, von anderen objektiven Gebilden wie dem Recht und der Moral unterschieden werden.

Die Funktion der Religion besteht Simmel zufolge also darin, dieses ‚religiöse' Gefühl in einem objektiven Gebilde institutionell zum Ausdruck zu bringen. Es handelt sich dabei um keine historische Kausalbeziehung, sondern um ein rein ‚funktionelles' beziehungsweise ‚sachliches' Verhältnis. Da es bei verschiedenen sozialen Beziehungen religiöse Elemente gebe, die als „religioid" beziehungsweise als „religiöse Halbprodukte" einzustufen seien, spricht Simmel wie bereits erwähnt auch von einer „Identität des seelischen Grundverhaltens" beziehungsweise einer entsprechenden „Formgleichheit"[177]. Als Beispiel hierfür nennt er unter anderem auch die paradoxe Gleichzeitigkeit zwischen dem Vergesellschaftet-Sein und dem Nichtvergesellschaftet-Sein des einzelnen Menschen. Dies entspricht dem zweiten soziologischen Apriori seiner ‚großen' *Soziologie* von 1908, das er in der ersten Auflage seines Buches *Die Religion* von 1906 zum ersten Mal ausdrücklich erwähnt und insofern in einem gewissen Sinn vorwegnimmt.[178] Bezeichnenderweise besteht in beiden Fällen die Lösung der damit angesprochenen Paradoxie darin, dass jeder Mensch eine ‚Stelle' beziehungsweise einen ‚Beruf' finden muss, der seinen eigenen Anlagen entspricht. Nicht zufällig bezieht sich Simmel dabei auf die calvinistische Auffassung der ‚Berufung' und der damit verbundenen ‚Gnadenwahl' als die radi-

---

176 Vgl. Simmel, „Exkurs über das Problem: Wie ist Gesellschaft möglich?", S. 46 ff.
177 Die Religion, S. 61 und 72.
178 Ebd., S. 86.

kalste und insofern konsequenteste Form der Aufhebung dieser Paradoxie.[179] Doch damit schließt sich der Kreis, der Simmels Religionsphilosophie mit Max Webers Religionssoziologie verbindet. Denn während Simmel von Max Webers Vorstellung von Beruf als einer ‚Berufung' Gebrauch macht, übernimmt Weber stillschweigend eine Redewendung von Simmel, die seiner eigenen Diagnose der ‚Entzauberung der Welt' in einer übertragenen Form zugrunde liegt.

---

179 Ebd., S. 57 f.; vgl. ferner Simmels „Exkurs über das Problem: Wie ist Gesellschaft möglich?", S. 60.

Die Sehnsucht nach dem Absoluten   9

Simmels Darstellung der Physiognomie des modernen Zeitalters beruht auf der Erfahrung einer wirtschaftlichen Prosperität und einer relativen Stabilität des Friedens in Europa, die im Zeitraum zwischen 1870 und 1914 durch einen rapiden sozialen, technologischen und kulturellen Wandel begleitet wurden, ohne dass sich die damit verbundenen Spannungen und Konflikte in einem reinigenden Gewitter zu entladen vermochten. Nicht nur in Deutschland mehrten sich allerdings zunehmend diejenigen Stimmen, welche auf die innere Brüchigkeit und die damit verbundenen Risiken des bisher eingeschlagenen Modernisierungsweges hinwiesen und die das Gespenst einer möglichen Explosion an die Wand malten. Deren Umrisse blieben zwar noch im Vagen, warfen aber dennoch bereits ihren unheilschwangeren Schatten auf die bisher erreichten gesellschaftlichen ‚Fortschritte'. Auch wenn die apokalyptischen Kassandrarufe die Ausnahme waren und in diesem Zeitraum eher eine moderate Form der Kulturkritik im deutschen Sprachraum vorherrschte, war doch nicht zu übersehen, dass die eigentlichen Probleme und der sich dabei abzeichnende Entscheidungsbedarf eher verdrängt als bewusst auf die Tagesordnung gesetzt wurden.[180]

In die Freude über das bisher Erreichte mischten sich deshalb diejenigen pessimistischen Töne, die sich für eine Revision des bisherigen gesellschaftlichen Kurses aussprachen und die Haltlosigkeit einer rein innerweltlichen Vervollkommnung des ‚Kulturmenschen' durch immer neue Ersatzlösungen betonten. Die modische Begeisterung für das jeweils Neueste und die sterile Aufgeregtheit dieses zutiefst ‚nervösen' Zeitalters konnten nämlich nicht verbergen, dass in der Sucht nach dem

---

[180] Einen guten Überblick über diese Zeit geben Hans-Ulrich Wehler, Das Deutsche Kaiserreich 1871–1918, Göttingen 1973; Wolfgang J. Mommsen, Der autoritäre Nationalstaat. Verfassung, Gesellschaft und Kultur im deutschen Kaiserreich, Frankfurt am Main 1990; ferner Hans-Peter Ullmann, Das Deutsche Kaiserreich 1871–1918, Frankfurt am Main 1995.

Aparten und dem Paradoxen eine tiefe Unbefriedigtheit und ‚Unerlöstheit' zum Ausdruck kommt. Dabei schwang die Sehnsucht nach einer neuen Ganzheitlichkeit des Lebens mit, die sich in immer exotischeren Erscheinungsformen der modernen Kultur zu befriedigen versuchte. Gerade die allgemeine Relativität und rasche Vergänglichkeit solcher flüchtigen Identifikationsangebote, die zum Signum einer zutiefst ruhelosen Zeit wurden, mussten deshalb notwendig denjenigen gesellschaftlichen und kulturellen Reformbestrebungen eine beträchtliche Attraktivität verleihen, die auf die Möglichkeit einer neuen Sinngebung des Lebens in Gestalt fester Bindungen und allgemeinverbindlicher Wertvorstellungen hinwiesen. Der moderne Pluralismus der Weltanschauungen, Kulturformen und Lebensstile war insofern der ideale Nährboden, auf dem verschiedene ‚fundamentalistische' Strömungen und Bewegungen entstehen und gedeihen konnten. Diese ebneten bereits den Weg für eine definitive Lösung der mit dieser Epoche verbundenen Paradoxien und Pathologien, ohne dass zu diesem Zeitpunkt bereits klar war, welcher von diesen vermeintlichen Reparaturvorschlägen sich durchsetzen und die weitere Entwicklung bestimmen würde.[181]

Auch Simmel hält diese Unbestimmtheit und ‚Unentschiedenheit' für das eigentliche Kennzeichen dieser Epoche. Deren Spannungen und Antagonismen sieht er als Grund für ein mit ihnen einhergehendes ‚Erlösungsbedürfnis', das sich nur deshalb nicht mehr in religiösen Begriffen artikulierte, weil der wissenschaftliche und technische Fortschritt eine solche traditionelle Form der Sinngebung entbehrlich zu machen schien. Überdies standen genug Ersatzlösungen zur Verfügung, die ihrerseits ein quasi-religiöses Glücksversprechen beinhalteten und die ihre Suggestivkraft ebenfalls noch dieser unterschwellig weiterwirkenden religiösen Tradition in Deutschland verdankten. Simmels Versuch einer Selbstbesinnung über die in der Zeit zwischen der Reichsgründung und dem Ausbruch des Ersten Weltkrieges vonstattengegangene Kulturentwicklung zehrt insofern selbst von jenem Spannungsverhältnis, welches sich aus der Konfrontation dieses ursprünglichen religiösen Ideals einer authentischen Lebensführung mit dem tatsächlichen Verlauf des Vergesellschaftungsprozesses ergeben hat. Gleichwohl macht die von ihm kurz nach der Jahrhundertwende vorgenommene Rekonstruktion der jüngeren deutschen Geschichte plausibel, warum der Ausbruch des Ersten Weltkrieges nicht nur von vielen seiner Zeitgenossen, sondern auch von Simmel selbst als Einlösung der mit dem Unbehagen an der modernen Kultur verbundenen Hoffnungen auf ein neues Kulturzeitalter empfunden worden ist. Denn in diesem sollte an die Stelle der

---

181 Siehe hierzu Gerhard Masur, Propheten von Gestern. Zur europäischen Kultur 1890–1914, Frankfurt am Main 1965; ferner Fritz Stern, Kulturpessimismus als politische Gefahr. Eine Analyse nationaler Ideologie in Deutschland, München 1986.

bisherigen ‚Relativität' der Werte und der einzelnen Weltanschauungen ein neues Gefühl von ‚Ganzheitlichkeit' sowie eine kulturelle Revitalisierung treten, wie sie ursprünglich bereits dem deutsch-französischen Krieg von 1870/71 und der damit einhergehenden Reichsgründung zugesprochen worden ist. Zwar betont Simmel in diesem Zusammenhang ausdrücklich, dass durch diesen Krieg nur die äußere, nicht aber die ‚innere Einheit' Deutschlands erreicht worden sei. Aufgrund der Diskrepanz zwischen der dadurch bewirkten Beschleunigung des materiellen und technischen Fortschrittes einerseits und dem Zurückbleiben einer entsprechenden seelischen Entwicklung der Individuen andererseits habe jedoch die äußere Seite des Lebens über die ‚subjektive Kultur' sowie die eigentlichen menschlichen Werte die Oberhand gewonnen. Gleichwohl sei die ungeheure Kraftentfaltung, die in dem fortschreitenden Industrialisierungsprozess sowie der wissenschaftlichen und technischen Entwicklung im neugegründeten deutschen Kaiserreich zum Ausdruck kommt, nicht ohne den glücklichen Ausgang dieses Krieges möglich gewesen. Der deutsch-französische Krieg von 1870/71 müsse deshalb als die eigentliche Geburtsstunde des modernen Deutschland mit all seinen Verrücktheiten und Kinderkrankheiten, aber auch seinen unbestreitbaren wirtschaftlichen Erfolgen und der mit diesen allmählich einhergehenden ‚ästhetischen Verfeinerungen' angesehen werden. Denn die dadurch ermöglichte Verbesserung des Lebensgenusses habe nicht nur die Vorherrschaft eines entsprechenden ‚Materialismus' begünstigt, sondern auch zu einer gestiegenen Aufmerksamkeit für das Kunstgewerbe und die dekorativen Künste geführt, die sich in einer entsprechenden Aufwertung der Äußerlichkeiten des Lebens niederschlage.[182]

Diese Veräußerlichung des Lebens musste aber kulturkritische Bewegungen auslösen, die sich gegen eine solche materialistische Fortschrittsorientiertheit richteten und wieder jene ethischen und ästhetischen Ideale geltend zu machen versuchten, die noch im klassischen und romantischen Zeitalter das deutsche Geistesleben geprägt haben und die mit der gescheiterten deutschen Revolution von 1848 vorläufig zu Grabe getragen worden sind. Simmel sieht den Aufstieg der Sozialdemokratie in den 1880er Jahren sowie die damit einhergehende Koketterie mit den sozialistischen Idealen im ‚Salon-Sozialismus' vieler Schriftsteller und Intellektueller dieser Zeit darin begründet, dass sich trotz der nachlassenden Bedeutung des Christentums dennoch ein ethisches Gewissen in der Seele des modernen Menschen geltend mache,

---

182 Vgl. Simmel, „Tendenzen im deutschen Leben und Denken seit 1870", in: ders., Schopenhauer und Nietzsche, Neuausgabe Hamburg 1990, S. 10 ff. Es handelt sich hierbei um die deutschsprachige Übersetzung eines Aufsatzes, der 1902 unter dem Titel „Tendencies in German Life and Thought since 1870" ursprünglich in englischer Sprache erschienen ist. Vgl. GSG 18, S. 167 ff. Im Folgenden wird dieser Aufsatz nach der deutschen Übersetzung zitiert.

das nun sozialeudämonistische Züge trage. Insofern verbinde sich mit der Lösung der ‚sozialen Frage' die Hoffnung auf eine mögliche moralische Höherentwicklung der Menschheit, die nun fast religiöse Züge annehme: „Die spezifisch modernen Gefühle, daß das Leben keine Bedeutung hat, daß wir in einem Mechanismus umhergetrieben werden, der aus bloßen Vorstufen und Mitteln besteht, daß sich das letzte, absolute Ziel, für das es sich zu leben lohnt, ständig unserem Zugriff entzieht – diese Gefühle sind das Vermächtnis des Christentums. Es hat zahllosen Menschen der heutigen Zeit die Sehnsucht nach einem Endziel eingepflanzt, das auf diesem Weg freilich nicht mehr erreichbar zu sein scheint. Die Leidenschaft für die Technik, die uns ergriffen hat, ist nur eine Phase oder ein Symbol für den inneren Zustand der ganzen Menschheit, ein verzweifelter Versuch, sich durch die äußere Verfeinerung, Entwicklung und Komplizierung der Hilfsmittel des Lebens darüber hinwegzutäuschen, daß dies wirklich nur Mittel sind, die durch keinen Endzweck geheiligt oder gerechtfertigt sind."[183]

Dieses Gefühl des Fehlens eines ‚letzten Ziels' und eines das gesamte Leben bestimmenden Ideals markiert eine Leerstelle, die zunächst von dem Erwachen des sozialen Gewissens und der Forderung nach einer weitgehenden sozialen Gerechtigkeit ausgefüllt wurde, bis dieses allgemeine Interesse an der modernen sozialen Frage allmählich nachließ und im Gefolge der Rezeption des Werkes Nietzsches durch einen radikalen Individualismus abgelöst worden ist. Dieser begann seit 1890 das kulturelle Leben in Deutschland zu beherrschen und durch dessen intellektuelle Atmosphäre sind auch Simmels kulturtheoretische Schriften geprägt. Insbesondere Teile der deutschen Jugend fühlten sich durch Nietzsches Forderung nach einer ‚Umwertung aller Werte' angesprochen, die sie in Gestalt eines nun modisch gewordenen ‚Nietzsche-Kultus' in die Tat umzusetzen versuchten.[184] Hierbei ließen sich zahlreiche Verrücktheiten nicht vermeiden, die sich mit solchen schwärmerischen Jugendbewegungen üblicherweise einzustellen pflegen und diesen um 1900 den Charakter einer Gegen-Kultur verliehen, die durch einen quasi-religiösen Zug gekennzeichnet ist. Der in diesem neuen ‚aristokratischen Individualismus' zum Ausdruck kommende „Wunsch nach Originalität", die Sehnsucht, um jeden Preis ‚anders' zu sein sowie eine auffallende „Vorliebe für das Paradoxe" in der Literatur, in der Kunst, in der Kulturkritik und im sozialen Umgang miteinander waren zu dieser Zeit jedoch nicht nur für bestimmte Teile der Jugend charakteristisch, sondern auch für einen Avantgardismus innerhalb der modernen Kunst, der seine „Sucht

---

183 Ebd., S. 19 f.
184 Vgl. Ferdinand Tönnies, Der Nietzsche-Kultus. Eine Kritik, Leipzig 1897. Zur deutschen Nietzsche-Rezeption seit 1890 siehe auch Richard Frank Krummel, Nietzsche und der deutsche Geist, 2 Bände, Berlin / New York 1974 und 1983.

nach Originalität" in immer neuen ‚Sezessionen' zu befriedigen versuchte. Hierbei stellte sich aber der berechtigte Verdacht ein, dass in einer solchen bohemienhaften Lebensgestaltung der Anspruch auf eine einmalige und unverwechselbare Art der persönlichen Lebensführung dadurch Schaden erlitt, „daß jeder seine Originalität auf die gleiche Weise zum Ausdruck bringt"[185].

Aber auch die Suche nach einer genuin ‚weiblichen Kultur' innerhalb der deutschen Frauenbewegung, die erotische Rebellion der Jugend, die Konjunktur einer spezifisch ‚innerweltlichen' Form der Mystik sowie neuere künstlerische Bewegungen wie der Futurismus und der Expressionismus machten bereits vor dem Ausbruch des Ersten Weltkrieges deutlich, dass sich mit diesen Strömungen innerhalb des modernen Lebens die Hoffnung auf eine mögliche kulturelle Erneuerung verband. Diese richteten sich nämlich nicht nur gegen bestimmte Erscheinungsformen der bürgerlichen Kultur um 1900, sondern auch gegen die ihr zugrundeliegende Form der Vergesellschaftung. Der damit verbundene „Kampf des Lebens gegen die Form überhaupt, gegen das Prinzip der Form" kennzeichnet Simmel zufolge nicht nur eine gewisse ‚Formlosigkeit' des modernen Lebens, sondern bringe auch einen Antagonismus zwischen dem Individuellen und dem Allgemeinen beziehungsweise der Individualisierung und der Vergesellschaftung zum Ausdruck.[186] Dieser konnte vor dem Ersten Weltkrieg im Rahmen der bestehenden bürgerlichen Kultur nicht mehr aufgehoben werden und ließ deshalb die Forderung nach einem neuen Kulturideal im Sinne einer ‚umweglosen Offenbarung' des Lebens akut werden, mit der sich die Sehnsucht nach einer Einheitlichkeit und Ganzheitlichkeit des Lebens jenseits dieser modernen Differenzierungen, Fragmentierungen und Stilisierungen verband.

Es ist insofern kein Zufall, dass der unerwartete Ausbruch des Ersten Weltkrieges in Deutschland als fundamentale Infragestellung der gesamten Vorkriegskultur emphatisch begrüßt und gefeiert worden ist. Denn dieser wurde als Voraussetzung für eine kulturelle Erneuerung angesehen, wie sie bereits vor 1914 in den verschiedensten Reformbewegungen artikuliert worden ist. Mit dieser militärischen Bedrohung der eigenen staatlichen Einheit und der ideologischen Herausforderung der überlieferten Nationalkultur durch die alliierte Kriegspropaganda musste sich aber auch die ungelöste Frage nach der eigenen kulturellen Identität und das immer noch als schmerzhaft empfundene Fehlen der ‚inneren Einheit' des deutschen Kaiserreiches in einer noch viel radikaleren Form stellen als innerhalb der verschiedenen Strömungen der Kulturkritik der Jahrhundertwende. Gerade der fragmentarische Charakter des modernen Lebens und die durch die Geldwirtschaft bewirkte ‚Veräußerlichung' aller Beziehungen zwischen den Menschen und ihres

---

185 Ebd., S. 28 ff.
186 Simmel, Der Konflikt der modernen Kultur. Ein Vortrag [1918], GSG 16, S. 184 ff.

Verhältnisses zu den Dingen wird nun von Simmel als Zeichen eines jetzt zu Ende gehenden Kulturzeitalters angesehen, das durch die Entstehung von völlig neuen Werten und ganzheitlichen Formen der Erfahrung der menschlichen Existenz abgelöst werde: „Dieses Bewußtsein, *daß die Form der deutschen Existenz in den Schmelztiegel geworfen wurde*, das ist wohl das gewaltigste Motiv der unvergleichlichen Erschütterung gleich im ersten Moment des Kriegsausbruchs gewesen, mehr noch als die kriegerische und politische Gefahr. Verschwunden ist damit der Mammonismus, der uns so oft verzweifeln machte, jene Anbetung aller äußeren, in Geld ausdrückbaren Erfolge; verschwunden die Selbstsucht der einzelnen und der Klassen, für die der Gedanke des Ganzen zur Chimäre wurde; verschwunden das ästhetisierende Genießertum, das von den Furchtbarkeiten und Gefahren der Existenz einfach wegsah."[187]

Auch Simmel feiert insofern den Kriegsausbruch emphatisch als Beginn eines neuen Zeitalters und beteiligt sich zunächst in den vordersten Reihen jenes ‚Kulturkampfes', der nun zwischen Deutschland und seinen Feinden tobt, was ihm in den Augen einiger seiner engsten Schüler zumindest in diesem Punkt zu Recht schlechte Noten eingebracht hat.[188] Denn dass gerade er, der sein ganzes Leben lang sich vor einer wirklichen ‚Entscheidung' gedrückt hat und einen allgemeinen weltanschaulichen Relativismus predigte, nun ausgerechnet in den Schützengräben das ‚metaphysische Absolute' zu sehen können meint, ist der Grund, warum nicht nur seine ursprünglich enge Beziehung zu Ernst Bloch und Georg Lukács zerbrochen ist, sondern auch seine Hoffnung auf eine die Auswüchse des Krieges mildernde gemeinsame europäische Kulturtradition, die nicht einmal die ersten Kriegstage zu überleben vermochte. Nicht diese schmerzliche Erfahrung und auch nicht die vordergründigen propagandistischen Absichten, die Simmel mit seinen eigenen Kriegsschriften verfolgt, sind in diesem Zusammenhang allerdings von Interesse, sondern die Kategorien und die Argumente, mit denen er nun eine grundsätzliche Revision jener Art von Kultur einklagt, die er so feinfühlig beschrieben hat und die ihm selbst bereits zu einer Art ‚zweiten Natur' geworden war. Denn die kriegsbedingte Inkonsequenz seiner jetzigen Haltung, die Simmel allerdings sehr bald zugunsten einer ‚metaphysischen' Deutung der Konflikte des modernen Lebens korrigiert, verrät einiges darüber, was eigentlich der Vorkriegskultur gefehlt hat und insofern gewissermaßen das ‚abwesende Zentrum' all jener Diskurse ist, die sich entweder kritisch oder affirmativ auf sie bezogen haben.

---

187 Simmel, „Bergson und der deutsche ‚Zynismus'" [1914], GSG 17, S. 122.
188 Vgl. zum Beispiel Ernst Bloch, „Die Welt bis zur Kenntlichkeit verändern" (1974), in: Arno Münster (Hrsg.), Tagträume vom aufrechten Gang. Sechs Interviews mit Ernst Bloch, Frankfurt am Main, S. 35 f.

9 Die Sehnsucht nach dem Absoluten

Simmel stellt nämlich fest, dass die „Epoche seit 1870" nun definitiv zu Ende gegangen sei und damit auch die „mechanische Teilung" zwischen dem Individuellen und dem Allgemeinen einer „überindividuellen Ganzheit" den Weg frei gemacht habe, die zu einem „anderen Deutschland" führen werde als dem bisher bekannten und dessen noch „undifferenzierte Idee" im Schmelztiegel des Krieges erst noch seine zukünftige Form finden müsse.[189] Dieser Mythos von einem ‚anderen Deutschland', den Simmel hier heraufbeschwört und der bis in die jüngste Vergangenheit noch beträchtliche wirkungsgeschichtliche Folgen haben sollte,[190] verdankt sich dem emphatischen Bewusstsein, dass der Ausbruch des Krieges eine Epochenschwelle darstellt, die auf einer für seine eigene Generation völlig neuen Erfahrung von Zeitlichkeit beruht und die Simmel als unerwarteten Einbruch der Geschichte in das allgemeine Bewusstsein beschreibt: „Plötzlich wird einem klar, wie sehr man vorher im Nicht-Geschichtlichen gelebt hat. [...] Wir waren entweder unterhalb des eigentlich Historischen oder wir waren oberhalb seiner. Jetzt aber wird unser Bewußtsein emporgerissen zu dem Punkte, wo wirklich Wende und Wandlung zwischen endgültig Vergangenem und ungeborenem Neuen geschieht, wo wir wirklich Geschichte erleben, also einen Teil des einmaligen Weltprozesses, so daß wir wissen: das Leben wird ein anderes sein."[191]

Diese an das ‚Ereignis' der Pariser Mai-Revolte von 1968 erinnernde Feier der Rückkehr des Einmaligen und des Unvergleichlichen in die Gegenwart[192] wird von Simmel in einer Sprache beschrieben, die sich auf ein uraltes christologisches Paradox bezieht und deshalb Anklänge an die Tradition der jüdisch-christlichen Eschatologie wachruft. Die Überwindung des ‚Mammonismus' und des mit ihm einhergehenden Tanzes um das goldene Kalb, die Aufhebung des Materialismus und die neue Vergeistigung aller Lebensinhalte, welche die Opferbereitschaft im Kriege und die massive Einschränkung der Versorgungsbasis der eigenen Bevölkerung an den Tag legten, bewirke nämlich einen großen „Scheidungsprozeß zwischen Licht und Finsternis, zwischen dem Edlen und dem Gemeinen", in dessen Folge ein „neuer Mensch" geboren werde.[193] Die jetzt stattfindende Scheidung zwischen dem unwiderruflich Vergangenen und dem noch Kommenden bedeute insofern das Ende

---

189 Simmel, Der Krieg und die geistigen Entscheidungen. Reden und Aufsätze [1917], GSG 16, S. 15 ff.
190 Siehe hierzu die eindrucksvolle Studie von Manfred Riedel, Die Idee vom anderen Deutschland. Legende und Wirklichkeit, Kassel 1994.
191 Der Krieg und die geistigen Entscheidungen, S. 16.
192 Vgl. Lichtblau, Die Eigenart der kultur- und sozialwissenschaftlichen Begriffsbildung, a. a. O., S. 345 ff.
193 Der Krieg und die geistigen Entscheidungen, S. 18 f.

einer Zeit der Sekurität und der Unentschiedenheit zwischen den einzelnen Werten. An seine Stelle trete nun ein „unbarmherziges Entweder-Oder" als die eigentliche „Forderung des Tages", bei der auch das Opfer einer militärischen Zerstörung von Kathedralen mit unschätzbarem kulturgeschichtlichen Wert in Kauf genommen werden müsse, sofern sie den eigenen Kriegszielen im Wege stehen.[194] Die dadurch gegebene „absolute Situation" und „absolute Entscheidung" erlaube insofern keine merkantile „Ausbalancierung von Opfer und Gewinn, kein Wenn und kein Aber, kein Kompromiß, keinen Gesichtspunkt der Quantität", die sich diesem weltgeschichtlichen Läuterungsprozess noch hemmend in den Weg stellen könnten.[195]

Dies ist auch der Grund, weshalb Simmels Fachkollege Werner Sombart diesen angeblich notwendig gewordenen Opfergang in dem fundamentalen Gegensatz zwischen den ‚Händlern' und den ‚Helden' bildhaft zum Ausdruck brachte, der das rivalisierende Verhältnis zwischen England und Deutschland im Kampf um die Weltherrschaft kenntlich machen sollte, obgleich der eigentliche Nutznießer dieses Krieges sich damals noch jenseits des Atlantik befand und bereits ungeduldig auf seine eigene Chance zum Eingreifen wartete.[196] Die „europäische Einsamkeit", die Simmel mit vielen seiner Landsleute in diesem Zusammenhang nun beklagt und die dadurch gegebene „Absolutheit" der Lage hat ihm zufolge aber auch den unbestreitbaren Vorteil, dass innerhalb dieses Kampfes um die nackte Existenz wieder jene eigentlichen Lebenswerte in das „Zentrum des Erlebens" rücken, die ein schnöder Materialismus einstmals vor lauter Siegestrunkenheit leichtsinnig in den Hintergrund hat treten lassen. Nun werde nämlich jedem deutlich, dass dieser Weg ein Irrweg gewesen sei und dass aufgrund dieses angeblich ungewollten und deshalb überraschenden Ersten Weltkrieges die einmalige Chance für eine Wende gegeben sei, bei der das Zentrum und die Peripherie erneut die Plätze tauschen.

Erst jetzt könne endlich jene ‚innere Reichsgründung' erfolgen, die Nietzsche bereits 1873 in seiner ersten *Unzeitgemäßen Betrachtung* gegenüber der von Bismarck auf einem ‚realpolitische' Weg bewirkten Gründung des zweiten deutschen Kaiserreichs eingeklagt hat. Hierdurch nehme dieser Krieg zugleich den Charakter einer „Vollendung" dessen an, was bereits 1870 begonnen worden sei: „1870 haben wir geglaubt, es wäre ein Definitives gewonnen; jetzt sehen wir: es war ein Vorläufiges!"[197] Und erst jetzt werde deutlich, was die deutsche Kultur so lange krank gemacht habe und was es nun definitiv zu beseitigen gelte: „So litt unser Leben – um einen Punkt als symbolisch für viele andere hervorzuheben – unter den Ge-

---

194 Ebd., S. 21.
195 Ebd., S. 22.
196 Vgl. Werner Sombart, Händler und Helden. Patriotische Besinnungen, Leipzig 1915.
197 Der Krieg und die geistigen Entscheidungen, S. 24.

gensätzen einer materialistischen und einer ästhetisierenden Führung. Vielleicht war der Materialismus der zuerst unvermeidliche Schatten jenes wirtschaftlichen Aufschwungs – der dann als seinen nicht minder extremen Gegenschlag die blasse Überfeinerung des Ästheten hervorrief. Es besteht eine tiefe innere Verbindung zwischen der zu nahen Fesselung an die Dinge und dem zu weiten Abstand, der uns mit einer Art von ‚Berührungsangst' ins Leere stellt. Wir wußten längst, daß wir an beiden zugleich krank und doch zur Gesundung reif waren, die wir von der Krisis des Krieges ersehnen."[198]

Wie wir inzwischen wissen, hat sich diese Sehnsucht leider nicht erfüllt. Stattdessen fand ein sinnloses Blutopfer und eine ökonomische Auszehrung der Kriegskontrahenten statt, die keinen neuen Wertidealen, sondern einem völligen Chaos den Weg bereitete, in dem das ‚neue' Deutschland bereits unterging, bevor es geboren wurde. Jedoch bereitete die deutsche Kriegsniederlage in der Zeit der Weimarer Republik einem wirklich ‚anderen' Deutschland den Weg, das mit den eigentlichen Kulturidealen des Landes der Dichter und Denker nun überhaupt keine gemeinsamen Berührungspunkte mehr besaß. Simmel hat diese Tragödie des ‚deutschen Geistes' noch kurz vor seinem Tod bereits kommen sehen und auch den Bankrott der „Idee Europa" schmerzhaft miterlebt, auch wenn er sich nicht vorstellen konnte, dass ein Europa ohne Deutschland und Österreich jemals das wieder werden könne, was es einstmals war. In seinen Briefen an den Grafen Hermann von Keyserling aus dem Jahre 1918 schwingt aber auch bereits der nostalgische Unterton mit, dass dieser „Selbstmord Europas" einer weltweiten Vormachtstellung der Vereinigten Staaten von Amerika zugutekomme und dass deshalb Europa bald nur noch das sein werde, was einstmals Griechenland zur Zeit des römischen Kaiserreiches war: nämlich „ein Reiseziel für kulturbedürftige Jünglinge, voll von interessanten Ruinen und großen Erinnerungen, Lieferant für Künstler, Gelehrte und Klugschwätzer"[199].

Simmel gibt aber auch zu diesem Zeitpunkt immer noch nicht die Hoffnung auf, dass zumindest die deutsche Jugend imstande sein werde, aus dem verlorenen Krieg die notwendigen Konsequenzen zu ziehen und der „entsetzlichen Epoche des Maschinenzeitalters" mit ihren rein kapitalistischen Wertungen den endgültigen Todesstoß zu versetzen. Denn gerade in der deutschen Jugend habe sich bereits vor dem Krieg ein Gärungspotential angesammelt, das sich gegen diese Mechanisierung des gesamten Lebens auflehne und das durch die bitteren Erfahrungen des Ersten Weltkrieges in seiner Ablehnung einer ohnehin dem Untergang geweihten Kultur noch verstärkt werde: „Es geht nämlich zweifellos durch unsere heutige Jugend eine leidenschaftliche revolutionäre Sehnsucht nach einer Vita-Nuova, ein

---

198 Ebd., S. 26.
199 Brief vom 18. Mai 1918 an Hermann Graf von Keyserling, GSG 23, S. 953.

Kämpfenwollen um eine geistige Lebensgestaltung, die nicht abstract, theoretisch oder ästhetisch ist, sondern praktisch zugreifend; kein idealistisches Sich-zurückziehen von der Welt, sondern ein Bearbeiten ihrer, aber in durchaus idealistischem Sinne; eine Todfeindschaft gegen alle Bürgerlichkeit, gegen alle Mechanisierung und Amerikanisierung, aber unter Benutzung der Kräfte, die diese Tendenzen immer aufgebracht haben. Es ist in diesen Bewegungen viel unklar Gärendes, viel unverschämt Aggressives, aber doch eine ungeheure Lebendigkeit, und ein höchst erfreuliches Sturmlaufen gegen die alten morschen Mauern, die uns noch von allen Seiten beengen – manchmal auf dionysischer, manchmal auf asketischer Basis, immer aber auf das Geistige und Wesentliche gerichtet. Wie gesagt, die Randerscheinungen sind hier oft unerfreulich, und es bedarf eines guten Willens, sich durch sie nicht abschrecken zu lassen. Aber in ihrem Kern sehe ich das, was man noch die deutsche Hoffnung nennen könnte."[200]

Leider hat auch diese neu aufkeimende Hoffnung getrogen und nicht das gehalten, was zumindest Simmel sich von ihr versprochen hat. Er hat den Ausgang dieses neuerlichen Experiments aufgrund seines vorzeitigen Todes auch gar nicht mehr erlebt und die letzten ihm verbliebenen Monate der Ausarbeitung eines philosophischen Vermächtnisses gewidmet, dem er den Titel *Lebensanschauung* gibt. In diesem unternimmt er noch einmal den Versuch, den von ihm bereits in seinen früheren kulturphilosophischen Schriften entwickelten Grundprinzipien eine metaphysische Deutung zu geben, die sich auf den „Fragmentcharakter des Lebens" bezieht, wobei er erneut die Notwendigkeit einer pluralistischen Weltsicht betont.[201] Die „Wendung zur Idee", die er hier im Rahmen einer Betrachtung der Selbstaufstufung des Lebens zu einem Höheren, gleichwohl aus ihm selbst Entsprungenen beschreibt, ist jedoch nur noch eine rein kosmische und rein sphärische, die den Bezug zu allen konkreten geschichtlichen Epochen und möglichen sozialen Trägergruppen für eine solche Erhebung des Lebens über das Materielle und Zweckmäßige hinaus gänzlich verloren hat.[202] Insofern beschränkt sich Simmel am Ende seines Lebens auf die Altersweisheit, dass es besser ist, keine Aussagen über das Wie mehr zu machen, wenn man nicht einmal mehr weiß, wann und wo ein solcher Prozess des Sich-Erhebens über die reine Tatsächlichkeit noch Chancen auf einen Erfolg haben könnte. Doch nur Unkundige werden dies als Zeichen einer endgültigen Resignation deuten. Denn Simmel ist sich sehr wohl bewusst, dass er seinen Beitrag dazu geleistet hat, dass eine solche Selbsttranszendierung des Men-

---

200 Ebd., S. 954 f.
201 Vgl. Simmel, „Der Fragmentcharakter des Lebens. Aus den Vorstudien zu einer Metaphysik" [1916], GSG 13, S. 202 ff.
202 Lebensanschauung, S. 236 ff.

schen unter den Bedingungen der Moderne zumindest theoretisch vorstellbar ist und dass deshalb auch sein eigener Tod nicht das Ende von allem bedeutet, wohl aber das Ende eines reif gewordenen und insofern zu einem immanenten Abschluss gekommenen Lebens darstellen würde.

Die Zeitlosigkeit der Moderne 10

Eine in der bisherigen Sekundärliteratur nur unzureichend berücksichtigte Eigenart von Simmels Auffassung der Moderne betrifft deren Verhältnis zu seiner Theorie der historischen Zeit, wie er sie in seinen verschiedenen Beiträgen zur Philosophie der Geschichte und zur Methodologie der Geschichtsschreibung entwickelt hat. Zwar wurde diesbezüglich zu Recht der ‚ästhetische' Charakter von Simmels Modernitätsverständnis hervorgehoben und dessen Nähe zu dem Modernitätsverständnis der verschiedenen Strömungen der künstlerischen Avantgardebewegungen um 1900 aufgezeigt. Gleichwohl hat Simmel auch philosophische Motive, die ihn zur Beschreibung des Weltbildes eines ‚modernen Heraklitismus' bewegen, das er nicht nur im Werk von Auguste Rodin gegeben sieht, sondern auch für sein eigenes Gegenwartsverständnis in Anspruch nimmt.

Die geschichtsphilosophische und metaphysische Bedeutung der von Simmel hervorgehobenen Zeitlosigkeit des flüchtigen ‚Augenblicks' und der Vergänglichkeit der verschiedenen Erscheinungsformen der modernen Kultur lässt sich nur erschließen, wenn wir nicht nur diese Nähe seiner Zeitdiagnose zu den entsprechenden Bestrebungen der verschiedenen Repräsentanten der ästhetisch-literarischen Moderne um 1900 berücksichtigen. Vielmehr muss auch die große philosophische Tradition im Auge behalten werden, in der sein Werk steht und vor deren Hintergrund überhaupt erst verständlich wird, was er eigentlich damit meint, wenn er die Moderne als eine „ewige Gegenwart" beschreibt.[203] Denn die auch in Nietzsches Lehre von der ewigen Wiederkunft des Gleichen angestrebte „Synthese des Endlichkeits- und des Unendlichkeitsbedürfnisses", die Simmel für sein eigenes Gegenwartsverständnis fruchtbar zu machen versucht, stellt ihrerseits nur die besondere Ausgestaltung eines die ganze Geschichte des abendländischen Denkens durchziehenden „prinzipiellen Dualismus" zwischen dem ‚Sein' und dem

---

203 Vgl. David Frisby, Fragmente der Moderne. Georg Simmel – Siegfried Kracauer – Walter Benjamin, Gütersloh 1989, besonders S. 9–115.

‚Werden' dar, der bereits mit dem Streit zwischen Heraklit und den Eleaten über das Wesen des Seins begonnen und seither die unterschiedlichsten Formen angenommen hat: „Die ganze griechische Philosophie ist eine Geschichte der Bemühungen, die substantielle Festigkeit und Abgeschlossenheit des Seins, in dessen Begriff die Seele die Ruhe und das Definitive ihrer selbst und der Welt findet, mit dem Fließen und Wechsel, mit der Mannigfaltigkeit und Lebendigkeit, die sie nicht weniger in sich selbst und in der Welt findet, in ein einheitliches, widerspruchsloses Bild der Wirklichkeit zusammenzuformen. Sein und Werden bilden die allgemeinste, formalste, umfassendste Ausgestaltung des prinzipiellen Dualismus, der das Schema alles menschlichen Wesens ist, und jede große Philosophie stiftet ein neues, versöhnendes oder einseitig entscheidendes Verhältnis zwischen jenen beiden."[204]

Es muss also davon ausgegangen werden, dass Simmel beansprucht, mit seinem eigenen Werk ebenfalls einen Beitrag zu einer ‚Versöhnung' oder zumindest einer neuen Form der Vermittlung zwischen dem Vergänglichen und dem Vorübergehenden einerseits sowie dem Dauerhaften und ewig Gültigen andererseits zu leisten, will er seine Arbeiten nicht auf eine reine ‚Modephilosophie' reduziert sehen, die im nächsten Augenblick von einer neuen Mode überholt zu werden droht, sondern als eine zeitlos gültige Antwort auf ein uraltes Menschheitsproblem verstanden wissen. Sein Versuch einer Überwindung des Historismus zugunsten eines bewussten Anschlusses an die philosophische Tradition muss insofern im Zusammenhang mit den Bemühungen hinsichtlich einer philosophischen Deutung der Welt gesehen werden, wie sie die gesamte Geschichte der abendländischen Metaphysik kennzeichnen. Hierbei ist sich Simmel im Klaren darüber, dass ein solches ‚metaphysisches' Weltverständnis anderen Anforderungen gehorcht als den formallogischen Regeln der analytischen Verstandeserkenntnis. Denn während letztere dem Postulat der logischen Widerspruchsfreiheit untersteht, gilt für metaphysische Sinndeutungen das, was Simmel als Eigenschaft der Welt des ‚Psychischen' im Unterschied zu dem des rein ‚Logischen' angesehen hat: nämlich dass unserem seelischen Leben auch Antinomien und Paradoxien zugrunde liegen, weil es auf Wechselwirkungen beruht, die gleichzeitig stattfinden und die insofern auch nicht der Regel der formalen Logik unterstehen, dass ein ‚Drittes' grundsätzlich ausgeschlossen sei.[205]

Eine der Paradoxien, die im Rahmen der Ausarbeitung eines genuin philosophischen Weltbildes eine zentrale Rolle spielt, betrifft das Verhältnis der Zeitlichkeit zur Wirklichkeit, das in einer rein logischen Form nicht zufriedenstellend beschrieben werden kann. Denn das Gegenwärtige entzieht sich im Unterschied zum Vergange-

---

204 Schopenhauer und Nietzsche, S. 402.
205 Vgl. Klaus Lichtblau, Zwischen Klassik und Moderne. Die Modernität der klassischen deutschen Soziologie, Wiesbaden 2017, S. 151 ff.

nen und Zukünftigen einer zeitlichen Bestimmung, da es einen Indifferenzpunkt darstellt, der sich bei jedem Versuch einer entsprechenden ‚zeitlichen' Fixierung wieder in sein Gegenteil zu verkehren droht. Zeitlich bestimmbar ist also im Grunde genommen immer nur etwas Imaginäres wie die Vergangenheit und die Zukunft, niemals aber die Gegenwart. Denn nur das gegenwärtige Geschehen ist wirklich, nicht aber das in den Zeitformen der Vergangenheit und der Zukunft beschriebene Geschehen. Letzteres kann entweder wie in der Geschichtsschreibung auf der Erinnerung oder aber wie im Zukunftsroman auf der Phantasie beruhen. Insofern verweist es im Unterschied zur Gegenwart notwendig auf ein Unwirkliches, dem zumindest ‚gegenwärtig' keine reale Existenz zugesprochen werden kann.[206]

Sowohl die historische Formung als auch die Antizipation des Zukünftigen gehorchen also anderen Regeln als denen einer Gegenwartsbeschreibung. Hierdurch ergibt sich die logische Paradoxie, dass die Vorstellung einer „zeitlichen Wirklichkeit" einen rein „imaginären Begriff" beinhaltet, der nicht widerspruchsfrei gedacht werden kann: „Unsere Existenz wie die aller Dinge ist ein gleichsam immer vorrückender Punkt, sie kann, als Realität, keine Zeit erfüllen; denn da alle Zeit, als ausgedehnte, Vergangenheit oder Zukunft ist, also etwas Irreales, so kann sich auch keine Wirklichkeit durch sie hindurch ausdehnen; andernfalls wäre diese, die ja ihrem Begriffe nach nur Gegenwart sein kann, eine stehende Gegenwart, welches ein innerer Widerspruch ist. Eine ‚Gegenwart' gibt es überhaupt nicht für die inhaltlose Ausgedehntheit der reinen abstrakten Zeit, sondern nur für ein in ihr sich abspielendes Geschehen, dessen Inhalte verfließen, das heißt sich ändern. Diese allein haben Wirklichkeit, aber eben, in der Konsequenz des Begriffes, keine zeitlich ausgedehnte, da ihre Gegenwart nur der Punkt ist, an dem die ausgedehnte Vergangenheit und die ausgedehnte Zukunft zusammenstoßen."[207]

Über die Gegenwart nachzudenken heißt also sich Rechenschaft über das Wesen der ‚Zeitlosigkeit' oder – was ein anderer Ausdruck für diese Paradoxie der Zeit ist – der ‚Gleichzeitigkeit' abzulegen. Dies führt notwendigerweise zu der Konsequenz, dass im Modus des ‚Nebeneinander' und des ‚Zugleich' im Unterschied zum ‚Nacheinander' nicht nur die Vergangenheit auf die Gegenwart wirken kann, sondern umgekehrt die Gegenwart auch auf die Vergangenheit. Denn mit jedem neuen Verständnis des Gegenwärtigen ändert sich zugleich unser Verständnis des Vergangenen. Innerhalb solcher Verstehens-Einheiten stellt insofern auch nicht die

---

206 Lebensanschauung, S. 218 ff. Siehe hierzu auch die subtilen Überlegungen von Niklas Luhmann, „Die Zukunft kann nicht beginnen. Temporalstrukturen der modernen Gesellschaft", in: Peter Sloterdijk (Hrsg.), Vor der Jahrtausendwende. Berichte zur Lage der Zukunft, Band 1, Frankfurt am Main 1990, S. 119–150.
207 Simmel, „Die historische Formung" [1918], GSG 13, S. 348 f.

zeitliche Folge der Kausalität, sondern die Gleichzeitigkeit der Wechselwirkung zwischen den einzelnen Momenten die vorherrschende Form der Sinnkonstruktion dar.[208] Simmel macht diesen Unterschied zwischen einer historischen Kausalanalyse und einer ganzheitlichen Betrachtung der innerhalb eines ‚zeitlosen' Sinnkontinuums gleichzeitig stattfindenden Wechselwirkungen, wie sie auch für jeden elementaren Prozess des Verstehens charakteristisch ist, an folgendem Beispiel deutlich. Während bei einer rein zeitlichen Folge von Ereignissen das Vergangene immer nur auf das später Folgende zu wirken vermag, niemals aber umgekehrt, wird durch die Erinnerung dagegen das jeweils Vergangene in der Gegenwart sinnhaft verfügbar gemacht und in einer „relativen Gleichgültigkeit gegen den Zeitverlauf" ausschließlich im Hinblick auf dessen gegenwärtige Bedeutung betrachtet. Dadurch wird die eindeutige, nur nach vorwärts verweisende Richtung der „Kausalität der Zeit" innerhalb des seelischen Lebens durch eine scheinbar paradoxe Form der Wechselwirkung ersetzt, bei der zugleich „die Gegenwart auf die Vergangenheit wirkt und die Vergangenheit auf die Gegenwart"[209].

Am Beispiel der Überlieferung von Traditionen in der Gegenwart zeigt Simmel auf, wie sichergestellt werden kann, dass diese nicht nur für die Geschichtsschreibung relevant sind, sondern auch zu einem Bestimmungsgrund des Gegenwärtigen werden können. Indem wir so den gelebten Moment aus seiner Vergangenheit heraus begreifen, den historischen dagegen aus seiner Zukunft, ergibt sich jedoch erneut die prinzipielle Unmöglichkeit, die Gegenwart selbst historisch zu verstehen. Zwar können wir sie zumindest im Hinblick auf historisch vergangene Voraussetzungen ableiten. Da aber die durch sie möglicherweise bewirkten zukünftigen Folgen noch völlig unvorhersehbar sind, können wir diese im Unterschied zu den vergangenen Ereignissen nicht in einem auf das Zukünftige bezogenen historischen Sinn verstehen.[210]

Es muss also eine andere Möglichkeit geben, das Gegenwärtige zu verstehen als durch rein zeitliche Bestimmungen. Hierbei kann das definitiv Vergangene beim Verständnis der Gegenwart immerhin noch soweit hilfreich sein, als dieses uns eine Vergleichsfolie für ein differenziertes Verständnis unserer eigenen ‚Jetztzeit'

---

208 Philosophie des Geldes, S. 109 f.; siehe hierzu auch Lichtblau, Zwischen Klassik und Moderne, S. 114 ff.
209 Simmel, „Die Persönlichkeit Gottes. Ein philosophischer Versuch" [1911], GSG 12, S. 294.
210 Simmel, „Beiträge zur Philosophie der Geschichte" [1909], GSG 12, S. 65 ff. Zur Bedeutung von Traditionen für ein adäquates soziologisches Gegenwartsverständnis siehe auch Anthony Giddens, „Leben in einer posttraditionalen Gesellschaft", in: Ulrich Beck, Anthony Giddens und Scott Lash, Reflexive Modernisierung. Eine Kontroverse, Frankfurt am Main 1996, S. 113 ff.

zur Verfügung stellt. Der Prozess des Verstehens ist dagegen völlig gleichgültig gegenüber den Unterschieden der Zeit. Denn er beruht ausschließlich auf der sachlichen Bedeutung der jeweiligen Inhalte. Diese nehmen erst im Rahmen einer spezifischen Formung die zeitliche Bestimmung des Vergangenen und des Zukünftigen an. Oder sie verbleiben im unhistorischen Modus des ‚Gleichzeitigen', wie er sowohl für das innerpsychische Geschehen als auch für die verschiedenen sozialen Wechselwirkungen innerhalb der Gesellschaft kennzeichnend ist.[211]

Simmels Verständnis der Moderne als einer ‚ewigen Gegenwart', die das Kontinuum der Geschichte durchbricht und nur noch auf Wechselwirkungen beruht, die gleichzeitig stattfinden, bezieht sich insofern auf eine objektiv gewordene Form von seelischen Prozessen, bei denen sich das psychische Erleben des Gegenwärtigen nicht von der sachlichen Bedeutung seiner Inhalte trennen lässt. Diese Entsprechungen zwischen den sozialstrukturellen Grundlagen des modernen Zeitalters einerseits sowie den wahrnehmungspsychologischen Erlebnisformen des Aktuellen und des zeitlos Gegenwärtigen andererseits ist der eigentliche Grund dafür, warum sich Simmel in seinen zahlreichen Essays über die Eigenart der Gegenwartskultur auf eine Beschreibung jener innerseelischen Prozesse konzentriert, in denen eine spezifische Erfahrung von Modernität zum Ausdruck kommt. Denn diese lässt sich ihm zufolge nicht mehr in der linearen Folge der Zeit erfassen, sondern nur noch in ‚Momentbildern', deren Überzeitlichkeit auf eine Bedeutung jenseits des aktuellen Augenblicks verweist. Die „Gegenwärtigkeit des Erlebens" ist somit durch ein Empfinden des ‚Momentanen' gekennzeichnet, das in einem emphatischen Gegenwartsbewusstsein zum Ausdruck kommt. Die gefühlsmäßige Intensität des erlebten Augenblicks verweist dagegen auf ein „Jenseits der Gegenwart", wobei sich mit dem flüchtigen Augenblick eine ‚übermomentane' Bedeutung verbindet und der sachliche Inhalt des Erlebten eine allgemeingültige Beziehung zur Ganzheit des Lebens anzunehmen beginnt.[212]

Die rauschhafte Überhöhung des aktuellen Erlebens ist mithin für Simmel das Symptom einer Zeit, die nur noch in der Flüchtigkeit des jeweils Gegebenen und in der permanenten Veränderung der äußeren Reize ein ‚epochales' Selbstbewusstsein jenseits der Chronologie der historischen Zeit auszubilden vermag. Dieses Bewusstsein kann sich dabei prinzipiell auf beliebige Inhalte beziehen. Simmels Aufmerksamkeit hat sich deshalb vornehmlich auf jene Formen der modernen Erlebnisverarbeitung konzentriert, die wie das Abenteuer und die Mode dem Inhalt des Lebens ein „Cachet des Gegenwärtigen" zu verleihen vermögen, der zugleich auf eine übermomentane Bedeutung verweist. Gerade das Abenteuer beinhalte die Zeitlosigkeit

---

211 Simmel, „Das Problem der historischen Zeit" [1916], GSG 15, S. 290 ff.
212 „Stephan George. Eine kunstphilosophische Studie", S. 24 ff.

eines „flüchtigen Erlebnisses", das außerhalb des einheitlichen Lebensprozesses zu stehen scheint. Ähnlich wie der Traum stelle es jedoch zugleich eine Form des ‚Innerhalb' des Lebens dar, das sich in solchen rauschhaften Zuspitzungen über die Kontinuität des Alltäglichen erhebt und in diesem augenblickshaften Erleben ein intensives Gegenwartsgefühl zu vermitteln vermag. Deshalb verkörpere der ‚Abenteurer' auch den unhistorischen Gegenwartsmenschen in reinster Form, für den weder die Vergangenheit noch die Zukunft von Belang ist und der deshalb nur noch die Zeitform des radikalen „Zu-Ende-Seins" zu kennen scheint.[213]

Diese formale Analogie zwischen dem Abenteuer und der Liebe erkläre auch, warum beide als die typischen Erlebnisformen der Jugend angesehen werden können. Denn die Jugend vermag sich vermittels der radikalen Aufwertung des Gegenwärtigen vorübergehend außerhalb des Kontinuums der Geschichte zu stellen, während für das Alter eher eine „historische Stimmung" sowie ein Sinn für das Überlieferte und zeitlich Bedingte charakteristisch ist.[214] Der dadurch bedingte Gegensatz zwischen dem ‚romantischen' und dem ‚historischen Geist' findet in der Erlebnisform der Mode seine Entsprechung, die ja ihrerseits auf die scheinbar ‚ewige Jugendlichkeit' eines Zeitalters verweist, bei dem sich der Reiz für das Neue zugleich mit dem für das Vergängliche, das heißt für die „flüchtigen und veränderlichen Elemente des Lebens" vermischt.[215] Nur noch mit dieser emphatischen Betonung des raschen Wechsels und der damit gegebenen prinzipiellen Kontingenz aller Lebensinhalte vermag der moderne Mensch seine Sehnsucht nach der verloren gegangenen Ganzheitlichkeit des Lebens zu befriedigen. Deshalb sieht Simmel diesen „Reiz des Verfalls" sowie die „unbegrenzte Beeindruckbarkeit und das überallhin offene Verstehen" als charakteristisch für eine ‚dekadente' Epoche an, zu der er offensichtlich auch sein eigenes Zeitalter zählt.[216]

Neben diesen alltagsästhetischen Erscheinungsformen macht Simmel aber noch zwei weitere Bereiche geltend, in der sich die ‚zeitlose' Modernität des gegenwärtigen Zeitalters widerspiegelt und die in einem engen Zusammenhang stehen: nämlich die spezifischen Erfahrungsgehalte der Moderne, wie sie in bestimmten Bereichen der modernen Kunst sowie in einem entsprechend gefärbten philosophischen Weltbild zum Ausdruck kommen. Auguste Rodin ist für Simmel in diesem Zusammenhang derjenige Repräsentant innerhalb der Geschichte der plastischen Kunst, der sich am

---

213 Simmel, „Das Abenteuer" [1911], GSG 14, S. 169 ff.
214 Ebd., S. 180 ff. Siehe hierzu auch Karl Mannheim, „Das Problem der Generationen" [1928], in: ders., Schriften zur Wirtschafts- und Kultursoziologie, herausgegeben von Amalia Barboza und Klaus Lichtblau, Wiesbaden 2009, besonders S. 137 ff.
215 „Die Mode", S. 196 ff.
216 Simmel, „Die Ruine" [1911], GSG 14, S. 295.

entschiedensten von dem klassischen ästhetischen Ideal der ‚Bewegungslosigkeit' der Form abgewendet und dabei dem Bewegten und Veränderlichen des Lebens selbst eine künstlerische Formung mit dem Anspruch auf ‚überzeitliche' Geltung zu verleihen versucht hat.

Stehe innerhalb der Geschichte der großen historischen Stile die griechische Plastik noch „jenseits von Zeit und Bewegtheit", mache demgegenüber bereits die gotische Kunst den menschlichen Körper zum „Träger der Bewegtheit", bei der aber der Körper aufgrund seiner starken Stilisierung in eigenartiger Weise „sowohl da als doch nicht da war"[217]. In der Renaissance sei es dagegen erst Michelangelo gelungen, bei der Gestaltung seiner Figuren das Sein in das Werden miteinzubeziehen und die Form in die „unendliche Auflösung der Form". Damit sei zwar der künstlerische Konflikt zwischen dem antiken Ideal der Dauer und dem der Bewegtheit des Körpers gelöst worden. Dies geschah jedoch in einer Form, welche die „geschlossene Umrißlinie des Körpers" nie verlassen habe. Deshalb komme einem bei der Betrachtung von Michelangelos Figuren auch niemals der Gedanke, dass diese sich auch noch ‚anders' bewegen könnten und dass sich der ihnen zugrunde liegende seelische Vorgang auch noch anders veranschaulichen lasse als in der gegebenen Form.[218]

Rodins große künstlerische Leistung und einzigartige Stellung innerhalb der Geschichte der plastischen Kunst besteht Simmel zufolge demgegenüber darin, dass ihm eine vollendete „Versinnlichung des Werdens" gelungen sei. Hierbei hätten seine Gestalten den Charakter einer ganz neuen Art von ‚Monumentalität' gewonnen: nämlich die des Werdens und der Bewegtheit. Durch diese Entdeckung der „künstlerischen Zeitlosigkeit der reinen Bewegung" würden sie zugleich eine „Impression des Übermomentanen" vermitteln, die Simmel als eine „zeitlose Impression" verstanden wissen will. Denn sie verweise auf eine Erhebung des Körpers über den gegebenen Augenblick hinaus, die sich einem geschichtlichen Verständnis der Bewegtheit entzieht und die an keiner Stelle mehr zur Ruhe zu kommen scheint, da sie in dem zur Darstellung gebrachten einmaligen Moment das Ganze der Bewegung zu veranschaulichen vermag.[219]

Mit dieser ‚Unentschiedenheit' des auf Dauer gestellten Bewegungsablaufs würden Rodins Figuren zum Sinnbild für die Unruhe der ‚modernen Seele'. Deren Gleiten zwischen den einzelnen Empfindungen entspreche dabei weniger einem Wechsel zwischen dem Ja und dem Nein als vielmehr einer „Gleichzeitigkeit von Ja und

---

217 Simmel, „Rodin" [1911], GSG 14, S. 334 f.
218 Ebd., S. 336.
219 Ebd., S. 337 ff.

Nein", die Simmel als Kennzeichen des modernen Zeitalters ansieht.[220] Zugleich zeige dieses „Souveränwerden des Bewegungsmotivs gegenüber dem Seinsmotiv", dass mit dieser Überwindung des Klassizismus und des Konventionalismus in der Kunst die Gestalten Rodins auf eine tiefere Bewegtheit hinweisen, die nicht nur eine durch die Geldwirtschaft geprägte Epoche kennzeichne, sondern die auch für den raschen Wechsel der subjektiven Eindrücke des modernen Menschen charakteristisch sei: „Die antike Plastik suchte sozusagen die Logik des Körpers, Rodin sucht seine Psychologie. Denn das Wesen der Moderne überhaupt ist Psychologismus, das Erleben und Deuten der Welt gemäß den Reaktionen unsres Inneren und eigentlich die einer Innenwelt, die Auflösung der festen Inhalte in das flüssige Element der Seele, aus der alle Substanz herausgeläutert ist, und deren Formen nur Formen von Bewegungen sind."[221]

Damit schließt sich der Kreis, den Simmel mit seinen frühen Studien über die soziale Differenzierung beschreitet, in seiner *Philosophie des Geldes* in einer systematischen Form zur Entfaltung bringt und in seinen verschiedenen Essays zur Ästhetik des modernen Alltagslebens zu veranschaulichen versucht. Überdies wird deutlich, wie stark Simmel den modernen Gegensatz zwischen dem ‚Subjektiven' und dem ‚Objektiven' beziehungsweise zwischen dem ‚Individuellen' und dem ‚Allgemeinen' als Kennzeichen des modernen Bewusstseins ansieht. Sein eigenes Verständnis der Moderne ist deshalb untrennbar mit einer subjektiven Zeiterfahrung verbunden, deren paradoxe Struktur er vornehmlich in seinen ästhetischen und kulturtheoretischen Schriften beschreibt.

Dies ist ein Beleg dafür, dass Simmels Theorie der Moderne untrennbar mit bestimmten ästhetischen Grundannahmen verbunden ist und insofern zu Recht als eine ‚ästhetische' Theorie der Moderne verstanden werden kann.[222] Sie jedoch auf eine solche ästhetische Theorie zu reduzieren und dieser gegenüber gar den Vorwurf des ‚Ästhetizismus' zu erheben, liefe jedoch darauf hinaus, jene tiefere Bedeutung zu übersehen, die Simmel mit diesen Beschreibungsformen der Moderne verbindet und in einen bewussten Kontrast zu den überlieferten philosophischen Formen des grundsätzlich möglichen Verhältnisses zwischen dem ‚Sein' und der ‚Zeit' stellt.[223]

---

220 Ebd., S. 341. Siehe hierzu auch Lichtblau, Kulturkrise und Soziologie um die Jahrhundertwende, a. a. O., S. 388 ff.

221 „Rodin", S. 346.

222 So Hannes Böhringer, „Die ‚Philosophie des Geldes' als ästhetische Theorie. Stichworte zur Aktualität Georg Simmels für die moderne bildende Kunst", in: Georg Simmel und die Moderne. Neue Interpretationen und Materialien, hrsg. von Heinz-Jürgen Dahme und Ottheim Rammstedt, Frankfurt am Main 1984, S. 178–182.

223 Zu Simmels diesbezüglichem Einfluss auf das Werk von Martin Heidegger siehe Michael Großheim, Von Georg Simmel zu Martin Heidegger. Philosophie zwischen Leben und

Denn er charakterisiert ja nicht nur in seinen ästhetischen und kunstphilosophischen Schriften die Moderne als eine zeitlose und insofern scheinbar unvergängliche „Übergangszeit", die ähnlich wie ein autonomes Kunstwerk die „Bewegungen ihres Werdens" gleichsam „in sich konsumiert" hat und die insofern gegenüber ihrer historischen Entstehung und ihrer möglichen zukünftigen Entwicklung gleichgültig geworden ist.[224] Vielmehr trägt auch das in seiner *Philosophie des Geldes* beschriebene Weltbild der Gegenwart bereits alle wesentlichen Züge, die Simmel dann in zahlreichen Erscheinungsformen des modernen Lebens sowie in bestimmten Entwicklungen der modernen Kunst ‚wiederentdeckt'. Denn auch seine Einordnung der Entwicklung des wirtschaftlichen Wertes in eine entsprechende ‚Weltformel' beruht auf dem unaufhebbaren Gegensatz zwischen dem Relativen und dem Absoluten. Wurde in früheren Zeiten nur das Feste und Beständige als wertvoll angesehen, so kann in einer Welt, die nur noch aus reinen Formen der Bewegung zu existieren und insofern gleichsam „in der Luft" zu schweben scheint, konsequenterweise auch nur noch in diesem „Aufeinander-Angewiesen-Sein" des Bestehenden die Grundlage für die Ausarbeitung eines entsprechenden Weltbildes bestehen.[225]

Mit dieser Annäherung der Welt des Seins an die eines unendlichen Werdens erfolge innerhalb des modernen Weltbildes eine paradoxe Annäherung zwischen der Form der Dauer und der Form der Bewegung jenseits der historischen Zeit, da ja das „absolute Werden" genauso zeitlos ist wie das „absolute Nicht-Werden".[226] Die alte philosophische Sehnsucht des Menschen nach einem Verständnis des Seins, das den Charakter des Bleibenden zugleich mit dem der Veränderung und das Beständige mit dem ewigen Fließen des Lebens verbindet, ohne sich dabei in unlösbare Widersprüche zu verstricken, erfährt Simmel zufolge in Gestalt des modernen Weltbildes eine neue Ausgestaltung, die ihrerseits so umfassend angelegt ist wie seine antiken und mittelalterlichen Vorgänger, von denen es sich selbstbewusst abhebt und auf die es zugleich in Form einer paradoxen Umkehrung verweist. Simmel unterscheidet nämlich drei prinzipiell mögliche Formen des Verhältnisses zwischen dem Begriff der ‚Beharrung' und dem der ‚Veränderung', die weit genug gespannt sind, um mit ihnen ein ganzes philosophisches Weltbild zum Ausdruck zu bringen.[227] Werden dabei die ‚Substanzen' als unveränderlich, das heißt ‚absolut' angenommen, sind es notwendig die ‚Formen', die einen wandelbaren Charakter besitzen müssen, soll dem Postulat einer Annäherung der Welt des Seins an die

---

Existenz, Bonn / Berlin 1991.
224 Simmel, Vom Wesen des historischen Verstehens [1918], GSG 16, S. 167.
225 Philosophie des Geldes, S. 93 ff.
226 Rembrandt, S. 446.
227 Philosophie des Geldes, S. 711 ff.

des Werdens entsprochen werden. Sind es dagegen die Formen, denen ein unveränderlicher Gehalt zugesprochen wird, dann müssen die realen Elemente einem entsprechenden Wandel unterliegen. Eine dritte mögliche Form der Ausgestaltung dieses Gegensatzes besteht darin, dass einer „absoluten Form des Beharrens" eine „absolute Form der Bewegung" gegenübertritt, wie dies Simmel bei dem modernen Weltbild gegeben sieht. Diese „extremste Annäherung einer Welt des Werdens an die des Seins" habe erstmals in Nietzsches Lehre von der ewigen Wiederkunft des Gleichen ihre adäquate philosophische Form gefunden.[228]

Diesen spezifisch „modernen Heraklitismus" hat Simmel vor Augen, wenn er die unendliche Zirkulation des Geldes und die Gleichgültigkeit des Modezyklus gegenüber den konkreten Inhalten einer Mode beschreibt. Mit dieser „Form des Übergangs" und der „Nicht-Dauer", die er auch als eine „species aeternitatis mit umgekehrtem Vorzeichen" beschreibt[229], hat aber das moderne Weltbild eine Ausprägung erfahren, die umfassend genug ist, um alle durch die Geldwirtschaft geprägten Phänomenen in einer einheitlichen philosophischen Form zusammenzufassen. Zugleich wird deutlich, dass Simmel mit dieser Beschreibung der Moderne auf eine spezifisch ‚neuzeitliche' Zeiterfahrung aufmerksam machen möchte. Denn diese steht quer zu unserem überlieferten historischen Zeitverständnis und verweist insofern auf ein ‚zeitlos' gewordenes Leben und Erleben, das nur noch vermittels dieser paradoxen Form der Abgrenzung von den vergangenen und zukünftigen Zeiten seine eigene Gegenwärtigkeit zu beschreiben vermag, ohne diese jedoch in einem ‚historischen' Sinn erfassen zu können.[230]

Die ‚ewige Jugendlichkeit' der modernen Kultur- und Sozialwissenschaften, die auch Max Weber in seinen methodologischen Schriften meinte besonders hervorheben zu müssen, stellt insofern das Pendant eines emphatischen Gegenwartsgefühls dar, das alle überlieferten Werte nur noch im Rahmen der eigenen Relevanzkriterien zu erfassen vermag.[231] Deren prinzipielle Relativität verweist zugleich auf die Notwendigkeit einer grundlegenden Entscheidung, die ihrerseits den Charakter des „zeitgemäß Unzeitgemäßen" trägt. Doch die eigentliche erforderliche Entscheidung widerspricht zutiefst diesem „unsoliden Schein des Modernen"[232]. Deshalb scheint ein solches Modernitätsverständnis auch nur das ‚Spiel' mit ihr zuzulassen, nicht jedoch die Fähigkeit und die Bereitschaft, dem wahren Ernst des Lebens ins Auge zu blicken.

---

228 Schopenhauer und Nietzsche, S. 401.
229 Philosophie des Geldes, S. 713.
230 Siehe hierzu auch Lichtblau, Zwischen Klassik und Moderne, a. a. O., S. 61 ff. und 81 ff.
231 Vgl. Max Weber, „Die ‚Objektivität' sozialwissenschaftlicher und sozialpolitischer Erkenntnis" [1904], in: Gesammelte Aufsätze zur Wissenschaftslehre, a. a. O., S. 205 ff.
232 „Die Mode", S. 213.

Simmels geistesgeschichtliche Bedeutung 11

Die geistesgeschichtliche Bedeutung von Simmels Werk zu würdigen, bedeutet nicht nur eine Dankesschuld abzutragen, sondern auch ein schreiendes Unrecht wieder gut zu machen, das ihm und seinem Werk während des 20. Jahrhunderts widerfahren ist. Dies wirft zugleich ein Licht auf die Eigenart jenes ‚Zeitalters der Extreme', das unter anderem durch zwei Weltkriege, die nationalsozialistische Schreckensherrschaft in Deutschland sowie dem weltweiten Scheitern von verschiedenen Varianten des ‚realen Sozialismus' in der Welt gekennzeichnet ist. Musste der ehemalige Suhrkamp-Lektor Günther Busch noch 1959 verbittert feststellen, dass „Simmels Verdrängung aus dem aktuellen Bewußtsein der Deutschen" zugleich als „Modellfall eines Vergessens, das irreparabel scheint", anzusehen sei und das mit dem damals ebenfalls vorherrschenden Schweigen um das Werk von Walter Benjamin, Ludwig Wittgenstein und Rudolf Borchardt verglichen werden könne, so ist in dieser Hinsicht nicht zuletzt aufgrund der außerordentlich erfolgreichen Lektorentätigkeit von Günther Busch in den letzten Jahrzehnten sicherlich vieles im Hinblick auf eine breitere Rezeption und Neubewertung all dieser Autoren geschehen, so dass sich dessen Befürchtung eines ‚irreparablen' Verdrängens und Vergessens glücklicherweise nicht bewahrheitet hat.[233]

In Simmels Fall ist jedoch bemerkenswert, dass dieser Prozess des Wiedererinnerns und eines erneuten fruchtbaren Anschlusses an sein Werk nach dem Zweiten Weltkrieg offensichtlich mit erheblichen Schwierigkeiten verbunden gewesen ist. Nachdem man Simmel zwischen den beiden Weltkriegen ursprünglich als einen ‚Impressionisten' abgestempelt und als eine philosophische ‚Übergangserscheinung' bewertet hat, die spätestens 1918 historisch überholt gewesen sei, sind die von ihm hinterlassenen ‚Bruchstücke' und ‚Fragmente' nach dem Auslaufen der internationalen Studenten- und Jugendbewegung von 1968 und dem damit verbundenen

---

[233] Günther Busch, „Das Vermächtnis Georg Simmels", in: Deutsche Universitätszeitung 14 (1959), S. 199 ff.

Glaubwürdigkeitsverlust der großen philosophischen ‚Erzählungen' als ein Denken von verblüffender ‚Modernität' wiederentdeckt und nicht nur im gehobenen Feuilleton gewürdigt, sondern auch in den Geistes- und Sozialwissenschaften rezipiert worden.

Seitdem ist weltweit ein intellektuelles Klima entstanden, das eine vorurteilsfreie Zuwendung zu einem Denken erlaubt, das den Raum für eine Freiheit des Denkens eröffnet, bei dem auch heute noch intellektuelle ‚Abenteuer' und völlig unerwartete Entdeckungen möglich sind.

Dies steht in einem eigentümlichen Kontrast zu jener ‚ideologiekritischen' Art der Auseinandersetzung mit Simmels Werk, wie sie seit dem Ende des Ersten Weltkrieges und des dadurch verursachten ‚Kulturkampfes' in verschiedenen weltanschaulichen Lagern der Weimarer Republik anzutreffen ist. Man warf ihm in diesem Zusammenhang nämlich vor, für eine solche Form des intellektuellen ‚Bürgerkrieges' nicht gewappnet zu sein und deshalb den eigentlichen Ernst der Lage zugunsten eines Kokettierens mit den fiktiven Möglichkeiten einer offensichtlich vor der Notwendigkeit einer wirklichen Entscheidung zurückschreckenden bürgerlichen Bildungskultur verkannt zu haben. Was ihm heute in der Beurteilung seines Werkes zum Vorteil gereicht, war also in den Zeiten der beiden großen ‚Weltbürgerkriege' der entscheidende Grund dafür, ihn endgültig in die Mottenkiste angeblich längst verblichener Denk- und Lebensformen zu verbannen.

Insbesondere sein ehemaliger Schüler Georg Lukács hat sich aktiv an diesem Beerdigungsunternehmen beteiligt und dabei einen moralischen Maßstab zur Abwertung von Simmels Werk etabliert, der bis in die jüngste Zeit in den Köpfen von so manchen sich nach wie vor selbst als ‚kritisch' einstufenden Intellektuellen eine Dauerblockade der eigenen Urteilsfähigkeit aufzurichten vermochte. Zwar hatte sich Lukács noch 1918 in einem Nachruf anlässlich des Todes von Georg Simmel in einer angemessenen und seine eigene intellektuelle Kompetenz unter Beweis stellenden Weise über die geistesgeschichtliche Bedeutung von Simmel geäußert. Gleichwohl schwang bereits hier der damals noch jugendliche Überschwang mit, aufgrund der veränderten geschichtlichen Situation nun den einstigen akademischen Lehrer intellektuell bereits übertroffen zu haben, dem nur noch die Rolle eines „großen Anregers", nicht aber die eines „wirklichen Vollenders" oder gar eines „großen Erziehers" hin zu neuen Ufern beschieden blieb. Als die „bedeutendste und interessanteste Übergangserscheinung in der ganzen modernen Philosophie" galt Simmel nun vielmehr als ein Auslaufmodell, das durch den Ersten Weltkrieg scheinbar obsolet geworden ist. Dessen „grenzenlose und hemmungslose Sensibilität" sei nämlich als Ausdruck einer „Unfähigkeit zu letzthinnigen, übergangslosen Entscheidungen" zu verstehen, die Lukács in den Worten von Simmel als einen „Mangel an Zentrum" bezeichnet hat. Denn einem methodologischen Pluralismus wie dem von Simmel vertretenen sei die Feststellung eines „einheitlichen

11 Simmels geistesgeschichtliche Bedeutung

Systems" aus prinzipiellen Gründen verwehrt, weil er alle möglichen Ganzheiten in ein Labyrinth von Wechselwirkungen auflöse. Diese seien zwar dazu geeignet, so etwas wie einer „Soziologie der Kultur" den Weg zu bereiten, nicht aber die Notwendigkeit einer entschlossenen weltanschaulichen Parteinahme für das nun angeblich historisch erforderliche Handeln zu unterstreichen.[234]

Gestand Lukács seinem ehemaligen Lehrer Simmel zu diesem Zeitpunkt immerhin noch respektvoll zu, dass seither niemand mehr etwas „geschichtsphilosophisch Wesentliches" leisten konnte, „ohne durch diese Betrachtungsweise hindurchgegangen zu sein", so überwiegen in seinem während der Zeit des ‚Kalten Krieges' erschienenen stalinistischen Machwerk über die „Zerstörung der Vernunft" eindeutig diejenigen Töne, die Simmel unvermittelt in den Kontext einer von Schellings Naturphilosophie bis hin zu Hitlers Machtergreifung reichenden „irrationalistischen Lebensphilosophie" stellen und Simmel in einer geradezu denunziatorischen Weise als führenden Repräsentanten eines „imperialistischen Rentnerparasitismus" bloßzustellen versuchen. Erneut wird Simmels Nähe zur „Ästhetik seiner Zeit" vorgeworfen, die Lukács ursprünglich mit seinem Verdikt eines „philosophischen Impressionismus" Simmels hervorgehoben hatte. Dies sei auch der Grund für dessen Ablehnung eines „materialistischen Abbildcharakters" aller menschlichen Erkenntnis zugunsten eines radikalen Subjektivismus und Relativismus, dem Lukács nun in Gestalt der Verteidigung eines lehrbuchhaft erstarrten ‚dialektischen Materialismus' vehement entgegentrat. Und an Simmels Kulturphilosophie monierte er jetzt die „genießerische Akkomodation" einer ins rein Metaphysische erhobenen „Tragik" der menschlichen Existenz, die offensichtlich den konkreten Bezug zu ihrer eigenen Zeit verloren habe und nur noch in einer der „Oberfläche" der kapitalistischen Gesellschaft verhaftet bleibenden und insofern einen „mystischen" und „romantischen" Charakter tragenden Lebensphilosophie schwelge. Simmels Denken sei deshalb als Ausdruck der ‚machtgeschützten Innerlichkeit' einer in vermeintlicher ökonomischer Sekurität verharrenden bürgerlichen Lebensform zu verurteilen. Denn diese verkörpere ein „Spiel mit gedanklichen Zuspitzungen" bis hin zu „mitunter offen zynischen Kompromissen". Insofern sei ihm die Fähigkeit zu einer korrekten geschichtsphilosophischen Deutung der eigenen Lage und die Einsicht in die Notwendigkeit einer revolutionären Umwälzung der bestehenden sozialen Verhältnisse verwehrt geblieben.[235]

Ist dieser Typus von Simmel-Kritik in seiner Parteilichkeit und intellektuellen Beschränktheit noch relativ leicht zu durchschauen, was allerdings seine wirkungsgeschichtliche Bedeutung in den folgenden Jahrzehnten aufgrund des einstmaligen

---

234 Lukács, „Erinnerungen an Simmel", a. a. O., S. 171 ff.
235 Georg Lukács, Die Zerstörung der Vernunft, Berlin 1954, S. 350 ff.

Prestiges des ‚jungen Lukács' nicht mindert, so muss in diesem Zusammenhang auch der Einfluss von Theodor W. Adorno auf bestimmte intellektuelle Kreise der westdeutschen Nachkriegsgesellschaft bis hin zum Ausbruch der Studentenbewegung von 1968 erwähnt werden, dem ebenfalls eine erhebliche Bedeutung bei der nachhaltigen Verdrängung und verächtlichen Geringschätzung des Simmel'schen Werkes zukommt. Adorno war sich sehr wohl der prägenden Wirkung Simmels auf sein eigenes Denken bewusst, was ihn allerdings nicht davor abhielt, sich gemäß einem ‚Narzißmus der kleinsten Differenz' in einer sich überlegen fühlenden Pose ebenfalls von seinem eigenen Lehrer und heimlichen Vorbild ‚ideologiekritisch' abzugrenzen und für sich selbst das Erstgeburt-Recht eines im konkreten Detail jeweils das Allgemeine aufdeckenden Philosophierens in Anspruch zu nehmen.[236] Adorno warf Simmel nämlich eine „Wald- und Wiesenmetaphysik" vor, die gemäß einer „prästabilisierten Apparatur" über alles und jedes zu philosophieren vermag. Jedoch sei sein Denken nicht in der Lage, das „Inkommensurable" an einem einzelnen Objekt zu entziffern, da sie dieses immer nur als „Beispiel" für einen vorgefertigten Gedanken, aber nicht als Quelle der Inspiration und der Entdeckung von etwas grundsätzlich Neuem und Einzigartigem zu nutzen verstehe. Die auch bei Adorno prinzipiell ins Positive gewendete ästhetische Dimension solcherart philosophischer Reflexion verkomme deshalb bei Simmel zu einem reinen „Ästhetisieren" und zu einer „geistreichen" Haltung eines Entertainers, „der beim Tee respektvoll Lauschenden derart unverbindlichen esprit offeriert". Auch wirft Adorno Simmel vor, ihn in seiner Jugend mit etwas „gelockt" zu haben, das er dann doch „vorenthielt" und mithin ein Versprechen gegeben zu haben, das erst die auf Simmel folgende philosophische Generation und namentlich Adorno selbst eingelöst habe. Simmels Kulturbegriff sei ferner ein eigentümlich „verblichener" und auf eine traditionelle Form der „Bildung" und des „Geschmacks" bezogen, die es nicht mehr erlaube, eine solche Art von „Scheinphilosophie" als ernst zu nehmenden Beitrag für die gegenwärtigen weltanschaulichen Orientierungsprobleme in einer auf den reinen Tauschwert der Dinge reduzierten „Kulturindustrie" anzusehen.[237]

Zwar lobt Adorno ähnlich wie Ernst Bloch Simmels „Rückwendung der Philosophie auf konkrete Gegenstände", die in einer erfreulichen und zugleich inspirierenden Weise gegen die überkommenen Tabus einer in Dogmatik und formalistischer Erkenntnistheorie erstarrten traditionellen Form der akademischen Schulphilosophie gerichtet sei. Gleichwohl wiederholt Adorno hier einen Vorwurf, den er einstmals

---

236 Vgl. Michael Landmann, „Georg Simmel als Prügelknabe", in: Philosophische Rundschau 14 (1967), S. 267 ff.
237 Theodor W. Adorno, „Henkel, Krug und frühe Erfahrung", in: Siegfried Unseld (Hrsg.), Ernst Bloch zu Ehren. Beiträge zu seinem Werk, Frankfurt am Main 1965, S. 9–20.

auch gegenüber Walter Benjamin erhoben hat. Denn dieser wagte es, den „Kulturbolschewisten" Simmel in einem ‚materialistischen' Argumentationszusammenhang zu zitieren und handelte sich damit prompt vonseiten Adornos den zugleich gegen Simmel gerichteten Vorwurf ein, damit die „materialistische Determination kultureller Charaktere" in Gestalt ihrer Vermittlung durch den ökonomischen „Gesamtprozess" gleichsam „konkretistisch" und „behavioristisch" durch dessen Reduktion auf das Beispielhafte und das Metaphorische unterlaufen zu haben. Aus diesem Grund sei mit der Aussparung der eigentlichen Theorie zugunsten einer reinen „Künstlichkeit" Benjamins anspruchsvolles Projekt einer ‚Urgeschichte des 19. Jahrhunderts' auch an einem „Kreuzweg von Magie und Positivismus" angesiedelt. Die von Benjamin im Anschluss an Baudelaire und Simmel betonte innere Verwandtschaft zwischen ‚Mode' und ‚Moderne' in Gestalt einer „Dialektik des Neuen und Immergleichen" wurde von Adorno deshalb auf die Notwendigkeit einer akribischen „Analyse der Warenform" verwiesen, die den grundlegenden Einsichten des „dialektischen Materialismus" zu gehorchen habe, da es „in Gottes Namen nur die eine Wahrheit" gebe, welche Simmels pluralistische Vorliebe für das „Vielleicht", das „Sowohl-als-Auch" und das „Als ob" Lügen strafe.[238]

Erst Jürgen Habermas hat diesen Bannkreis, der im Umfeld der ‚Kritischen Theorie' um das Werk von Georg Simmel und übrigens auch dem vom Walter Benjamin für lange Zeit gelegt wurde, durchbrochen und Simmel anlässlich der Neuausgabe von dessen berühmter Aufsatzsammlung *Philosophische Kultur* eine faire Würdigung zukommen lassen. Insofern ist die geistesgeschichtliche Bedeutung von Simmels Werk nun auch durch einen maßgeblichen Vertreter der sogenannten ‚Frankfurter Schule' anerkannt und in deren Ahnengalerie aufgenommen worden. Zwar ist uns auch Habermas zufolge „der kulturkritische Simmel auf eigentümliche Weise fern und nah zugleich". Gleichwohl betont er immerhin wohlwollend dessen „empfindliches Sensorium für zeittypische Reize, für ästhetische Neuerungen, für geistige Tendenzwenden und Orientierungsumschwünge". Einerseits erkennt er Simmels Beitrag zu einer ernst zu nehmenden philosophischen Zeitdiagnose grundsätzlich an. Andererseits meint er aber erneut deren Verhaftet-Sein in einem traditionellen Kulturbegriff und in einem auf Herder zurückgehenden und von Humboldt über Hegel bis hin zu Simmel reichenden „expressivistischen Bildungsideal" vorwerfen zu müssen. Habermas vertritt zudem die Ansicht, dass das bei Simmel noch in einer eigenartigen Spannung verbleibende Verhältnis zwischen der ‚subjektiven Kultur' der Individuen und dem ‚objektiven Geist' der gesellschaftlichen Institutionen später bei den angeblichen Repräsentanten des „Rechtshegelianismus" wie Hans Freyer

---

238 Theodor W. Adorno, Brief an Walter Benjamin vom 10. November 1933, in: Walter Benjamin, Briefe, Band 2, Frankfurt am Main 1966, S. 782.

und Joachim Ritter entweder als ein unabänderlicher gesellschaftlicher Entwicklungsprozess affirmiert wurde, der gleichwohl einen nicht zu unterschätzenden Spielraum für einen radikalen Subjektivismus eröffne, oder aber wie bei Arnold Gehlen und Niklas Luhmann nun gänzlich zugunsten der objektiven Übermacht der „kulturellen Kristallisationen" als zu vernachlässigende Größe einer unzeitgemäß gewordenen „Entfremdungstheorie" verabschiedet worden sei.[239]

Gegenüber dieser insgesamt fairen Würdigung von Simmels Werk kann allerdings der Einwand geltend gemacht werden, dass nicht erst seit Gehlen und dann vollends bei Luhmann die subjektbezogenen Prämissen des klassischen Kultur- und Bildungsideals aufgegeben worden sind und nun das Individuum und die sozialen Systeme wechselseitig füreinander unzugängliche ‚Umwelten' bilden. Denn auch bereits Simmel hat den Menschen und dessen konkreten Bedürfnisse und Interessen in seinen soziologischen Schriften zugunsten einer Analyse der formalen Prozesse der Vergesellschaftung aus der Betrachtung ausgeschlossen und dabei die ‚Selbstgenügsamkeit' dieser kristallisierten sozialen Gebilde betont. Und auch seine Kulturtheorie hat ja ebenfalls die historische Überholtheit eines möglichen Bezugs der ‚objektiven Kultur' auf den Bildungsprozess der menschlichen Seele betont. Dies motivierte ihn allerdings umso stärker dazu, nach geeigneten Räumen Ausschau zu halten, in denen die eigene Persönlichkeit in der Moderne überhaupt noch zur Entfaltung gebracht werden kann. Ihm zufolge ist dies sowohl im Bereich der Kunst als auch der geschlechtlichen Liebe, in einer bestimmten Form von philosophischer Weltanschauung sowie einer ‚Religiosität ohne Religion' möglich, in der sich die ‚moderne Seele' zu entfalten vermag.

Die Beurteilung von Simmels geistesgeschichtlicher Stellung läuft also Gefahr, zu falschen Schlussfolgerungen zu kommen, wenn nicht die Eigenart seiner disziplinären Abgrenzung zwischen Philosophie, Soziologie, Ästhetik und Kulturtheorie sowie seiner verschiedenen kulturessayistischen Abhandlungen berücksichtigt wird. Diese Vermischung der noch bei Simmel konsequent durchgehaltenen disziplinären und literarischen Unterscheidungen kennzeichnet bezeichnenderweise auch viele Versuche, seine insbesondere in der *Philosophie des Geldes*, aber auch in seinen Schriften zur Ästhetik des modernen Lebens dargestellte Kulturtheorie zusammen mit seiner ‚Formalen Soziologie' undifferenziert für die moderne soziologische Forschung und Theoriebildung in Anspruch zu nehmen und dabei Simmel ein viel weitergehendes Verständnis von Soziologie zu unterstellen als er es tatsächlich gehabt hat. Zwar ist es nicht falsch, insbesondere seiner *Philosophie*

---

[239] Jürgen Habermas, „Simmel als Zeitdiagnostiker", in: Georg Simmel, Philosophische Kultur. Über das Abenteuer, die Geschlechter und die Krise der Moderne, Berlin 1983, S. 243 ff.

11 Simmels geistesgeschichtliche Bedeutung

des Geldes eine entsprechende wirkungsgeschichtliche Bedeutung für die deutsche Tradition der Kultursoziologie zuzusprechen, wie dies bereits Georg Lukács in seinem Simmel-Nachruf aus dem Jahre 1918 getan hat. Nur muss auch in diesem Fall zwischen Simmels eigenem Verständnis von Soziologie einerseits und den verschiedenen Bemühungen um die Ausarbeitung einer genuinen ‚Soziologie der Kultur' andererseits unterschieden werden, sollen nicht endgültig alle Unterschiede zugunsten eines diffusen Verständnisses von Soziologie verschwimmen, das Simmel selbst nicht vertreten hat und das heute leider weltweit vorherrscht. Auch dies ist ein trauriges Zeichen für die zunehmende ‚Auflösung der Form' in den verschiedensten gesellschaftlichen und kulturellen Bereichen.[240]

Die Diskrepanz zwischen einer rein werkimmanenten und einer wirkungsgeschichtlichen Betrachtung von Simmels Formaler Soziologie lässt sich auch anhand einer Besprechung von Karl-Siegbert Rehberg exemplarisch aufzeigen, die anlässlich der Veröffentlichung von Simmels soziologischem Hauptwerk *Soziologie. Untersuchungen* über *die Formen der Vergesellschaftung* im Rahmen der *Georg Simmel Gesamtausgabe* erschienen ist. Rehberg unternimmt in dieser überaus kenntnisreichen Besprechung der Neuausgabe von Simmels ‚großer Soziologie' nämlich den Versuch, Simmel gegenüber seinen Kritikern in Schutz zu nehmen und spricht in diesem Zusammenhang zugleich von einem „genuinen Anti-Soziologismus", der angeblich in diesen Kreisen dem späteren Simmel unterstellt worden sei.[241] Wer auch immer Simmels spätere intellektuelle Entwicklung seit der Veröffentlichung seiner ‚großen Soziologie' für diesen ‚Anti-Soziologismus' in Anspruch genommen haben mag: Fest steht, dass Simmel bereits vor der Jahrhundertwende in einem Brief an seinen französischen Kollegen Celestin Bouglé vom 13. Dezember 1899 darauf hingewiesen hat, dass er in erster Linie nicht Soziologe, sondern ein Philosoph sei. Ferner wurde Simmel auch in der Folgezeit nicht müde zu betonen, dass er seine eigene soziologische Schriftstellerei im Grunde genommen nur als eine Nebenbeschäftigung betrieben habe und dass er im ‚Hauptamt' vor allem als Philosoph ernst genommen werden möchte. Hierauf verweist übrigens auch

---

240 Dieses Phänomen scheint insbesondere von Autoren wahrgenommen zu werden, die sich noch an traditionellen ästhetischen Kriterien orientieren. Vgl. hierzu zum Beispiel die diesbezüglich höchst einschlägige Abhandlung des George-Schülers Erich von Kahler, Die Auflösung der Form. Tendenzen der modernen Kunst und Literatur, München 1971.

241 Karl-Siegbert Rehberg, „Die wahre Soziologie ist eine Philosophie des Geldes. Individualistische Gemeinschaftskunde: Georg Simmels ‚Untersuchungen über die Formen der Vergesellschaftung' in der Werkausgabe", in: Frankfurter Allgemeine Zeitung Nr. 13 vom 17. Januar 1994, S. 29. Auszüge aus dieser Besprechung sind auch in der Suhrkamp Taschenbuch Verlag-Programmvorschau vom November 1996 bis April 1997 abgedruckt worden.

der Gesamtherausgeber der *Georg Simmel Gesamtausgabe* Otthein Rammstedt in seinem sachkundigen editorischen Bericht, der im Anhang zur Neuausgabe von Simmels ‚großer Soziologie' abgedruckt worden ist.[242] Auch Simmels Kollege Ernst Troeltsch und zahlreiche andere Zeitgenossen haben wiederholt darauf hingewiesen, dass Simmel nach dem Erscheinen seiner ‚großen Soziologie' im Jahre 1908 seine eigene soziologische Arbeit als im Grunde genommen für ‚erledigt' begriffen habe und sich nunmehr primär kunstphilosophischen, philosophiegeschichtlichen und kultur- sowie lebensphilosophischen Fragestellungen widmete.[243] Neu zu seinem soziologischen Schrifttum ist nach 1908 tatsächlich nur noch sein Vortrag über die ‚Geselligkeit' hinzugekommen, den er ursprünglich als Eröffnungsrede anlässlich des Ersten Deutschen Soziologentages 1910 in Frankfurt am Main gehalten hat und der erstmals 1911 in dem entsprechenden Tagungsband der Deutschen Gesellschaft für Soziologie veröffentlicht worden ist, sowie seine eindeutig als Gelegenheitsschrift entstandene ‚kleine Soziologie', die 1917 unter dem Titel *Grundfragen der Soziologie* erschien. In dieser griff Simmel neben dem bereits veröffentlichten Essay über „Die Geselligkeit" im Wesentlichen auf bereits veröffentlichte Texte zurück, ohne mit dieser Textkompilation noch einen grundsätzlichen neuen Beitrag zur modernen Soziologie zu beanspruchen.

Dies hat nichts mit einer ‚anti-soziologischen' Haltung des späten Simmels zu tun, der sich nach 1908 anderen Themen und Arbeitsgebieten zuzuwenden begann, die ihn nun mehr interessiert haben. Wenn Rehberg aber ausgerechnet Simmels erstmals 1900 erschienene *Philosophie des Geldes* „entgegen dem Anschein" als Simmels eigentliches „soziologisches Hauptwerk" bezeichnet, so steht dies in einem Widerspruch zu Simmels eigener Charakterisierung dieses Werkes. Dieses kann zwar in der Tat als sein Hauptwerk schlechthin bezeichnet werden, weil im Rahmen einer Gesamtwürdigung seines Oeuvres hier alle werkgeschichtlichen Fäden zusammenlaufen. Nur ist die *Philosophie des Geldes* mit Sicherheit nicht Simmels soziologisches, sondern allenfalls sein philosophisches Hauptwerk im weitesten Sinne des Wortes. Dies zeigt ja nicht nur der von ihm äußerst bewusst gewählte Titel dieses Buches, sondern auch die gesamte theoretische Architektur und Argumentationsweise dieses in der Tat bahnbrechenden und auch wirkungsgeschichtlich überaus bedeutsamen Buches.

Wenn aber immer wieder bekannte Soziologen versuchen, diesem Hauptwerk Simmels neben seiner philosophischen und kulturtheoretischen auch noch eine einzelwissenschaftliche Bedeutung abzugewinnen, dann muss neben der Soziologie in gleichberechtigter Weise auch die Nationalökonomie und die Ästhetik, vor

---

242 Vgl. Soziologie, GSG 11, S. 886 ff.
243 Vgl. Troeltsch, Der Historismus und seine Probleme, a. a. O., S. 572 ff.

allem aber die Psychologie als weitere Anwärter für eine disziplinäre Zuordnung dieses Werkes in die Diskussion miteinbezogen werden, denn Simmel wollte ja ursprünglich ein Buch über die „Psychologie des Geldes" schreiben und hat sich erst unmittelbar vor der Jahrhundertwende für den weltbekannten Titel *Philosophie des Geldes* entschieden.[244] Über die Motive, die Simmel zu dieser Titeländerung veranlasst haben, muss also zuerst nachgedacht werden, bevor zum wiederholten Male der Versuch unternommen wird, dieses Hauptwerk Simmels ausschließlich für eine strikt einzelwissenschaftlich verfahrende ‚Soziologie' in Anspruch zu nehmen.

Neben den zeitgenössischen Unklarheiten bezüglich Simmels Unterscheidung zwischen Philosophie, Formaler Soziologie und Kulturtheorie muss in diesem Zusammenhang noch der Vorwurf des ‚Ästhetizismus' erwähnt werden, der von Anfang an gegenüber seinen Arbeiten erhoben wurde und der bis in die jüngste Vergangenheit eine beständige Neuauflage erfahren hat, inzwischen aber auch in einem positiven Sinne für eine fruchtbare Neuinterpretation seiner Schriften aufgegriffen worden ist. Nun ist es sicherlich unzweifelhaft, dass ästhetische Topoi und Argumentationsfiguren in Simmels Werk eine große Rolle spielen. Nur erscheint es als äußerst problematisch, dieses in seiner Gesamtheit auf eine einzelne der zahlreichen ästhetischen Strömungen zu reduzieren, die ihn beeinflusst haben und mit denen sich Simmel im Laufe seines Lebens auseinandergesetzt hat. Nicht zufällig haben in ihm manche einen Anhänger des Naturalismus gesehen, während Simmel seit 1900 oft in den größeren Zusammenhang der modernen impressionistischen Bewegung gestellt worden ist. Aber auch seine Zurechnung zum Jugendstil und zum Expressionismus ist in der Sekundärliteratur wiederholt anzutreffen. Deshalb liegt die Vermutung nahe, dass sich Simmels Werk auch in diesem Fall einer eindeutigen Zuordnung entzieht. Zudem darf nicht übersehen werden, dass auch die Rezeption der klassischen idealistischen, auf Kant und Schiller zurückgehenden Ästhetik neben der Auseinandersetzung mit den Vertretern einer genuin ‚modernen' Kunstauffassung in Simmels Werk eine große Rolle spielt. Dieses gewinnt überhaupt erst aufgrund dieses Spannungsverhältnisses zwischen ‚klassischer' und ‚moderner' Kunst sowie zwischen ‚Kunst' und ‚Alltagsästhetik' seinen eigentümlichen Reiz.

Die meisten Arbeiten zu Simmels Ästhetik leiden allerdings darunter, dass sie sich entweder vornehmlich auf seine Schriften zur Ästhetik des modernen Alltagslebens oder aber auf seine späteren kunstphilosophischen und kunstgeschichtlichen Arbeiten konzentrieren, die eher einem klassischen Kunstverständnis verpflichtet sind. Im ersten Fall wird Simmel als ein Theoretiker gewürdigt,

---

244 Siehe hierzu auch Klaus Christian Köhnke, Der junge Simmel in Theoriebeziehungen und sozialen Bewegungen, Frankfurt am Main 1996, besonders. S. 209 ff. und 337 ff.

dessen Schriften vornehmlich durch die Erfahrung der ästhetischen Moderne geprägt sind, was sicher nicht falsch, nur etwas einseitig gesehen ist, da hier der konstitutive Bezug seiner Arbeiten zu dem klassischen ästhetischen Kanon völlig verloren zu gehen droht.[245] Im zweiten Fall wird Simmel dagegen zu sehr in den Kontext einer traditionellen kunstgeschichtlichen Betrachtungsweise gestellt, was notwendig zu einer Vernachlässigung der in seiner *Philosophie des Geldes* und in seinen verschiedenen Essays entwickelten Ästhetik des modernen Lebens führen muss.[246] Simmels Werk wird man aber nur dann gerecht, wenn man die ‚Wechselwirkungen' zwischen seinen verschiedenen ästhetischen Konzeptionen mitberücksichtigt und deren Eigenart aus diesem Spannungsverhältnis heraus zu interpretieren versucht.[247] Überdies sollte man sich davor hüten, Simmels verschiedene ästhetische Schriften in einer undifferenzierten Weise mit seiner Formalen Soziologie gleichzusetzen und dieser den Charakter einer ‚ästhetischen Soziologie' zuzusprechen. Dies wäre nämlich eine interpretatorische Verkürzung, die auf demselben Fehler wie die bereits eingangs erwähnte Verwischung der von Simmel konsequent vorgenommenen disziplinären Unterscheidungen zwischen Philosophie, Soziologie und Kulturtheorie beruht.[248]

Wurde Simmel einstmals eine zu große Nähe zu ästhetischen Grundannahmen und Denkfiguren zum Vorwurf gemacht, so überwiegen seit einiger Zeit diejenigen Interpretationen, welche diese Verankerung von Simmels Werk innerhalb eines übergreifenden ästhetischen Denkens als den eigentlichen Grund für dessen verblüffende Aktualität betrachten. Es ist deshalb nicht zufällig, dass die Bedeutung seines Werkes auch in der inzwischen abgeebbten internationalen Diskussion über Wesen und Eigenart der kulturellen Moderne sowie der damit in einem engen Zusammenhang stehenden Fortführung dieser Diskussion bei den intellektuellen Repräsentanten der sogenannten ‚Postmoderne' betont worden ist.

---

245 Dies gilt zum Teil auch für die ansonsten ganz ausgezeichneten und für die neuere Simmel-Forschung bahnbrechenden Arbeiten von David Frisby. Vgl. ders., Sociological Impressionism. A Reassessment of Georg Simmel's Social Theory, London 1981; ferner ders., Fragmente der Moderne, a. a. O.

246 Dies ist zum Beispiel der Fall bei Felicitas Dörr, Die Kunst als Gegenstand der Kulturanalyse im Werk Georg Simmels, Berlin 1993.

247 Siehe hierzu auch Klaus Lichtblau, „Ästhetische Konzeptionen im Werk Georg Simmels", in: Simmel Newsletter 1 (1991), S. 22–35.

248 Dies ist unter anderem der Fall bei Sibylle Hübner-Funk, „Ästhetizismus und Soziologie bei Georg Simmel", in: Hannes Böhringer und Karlfried Gründer (Hrsg.), Ästhetik und Soziologie um die Jahrhundertwende: Georg Simmel, Frankfurt am Main 1976, S. 44–70. Vgl. auch S. Hübner-Funk, Georg Simmels Konzeption von Gesellschaft. Ein Beitrag zum Verhältnis von Soziologie, Ästhetik und Politik, Köln 1982.

11 Simmels geistesgeschichtliche Bedeutung

Gerade im letzten Fall ist allerdings erneut eine konfusionsartige Verwischung aller strengen theoretischen Unterscheidungen festzustellen, die einstmals für einen präzisen Begriff der Moderne noch selbstverständlich waren, wie wir ihn sowohl in den Werken von Georg Simmel, Max Weber und Walter Benjamin als auch bei Theodor W. Adorno feststellen können. Die Vereinnahmung von Simmels Schriften im Umkreis der Diskussion über die ‚Postmoderne' wiederholt aber im Grunde genommen nur Denkfiguren, die auch in den ‚klassischen' Theorien der kulturellen Moderne anzutreffen sind, ohne über den bisher erreichten Diskussionsstand bezüglich der Eigenart des gegenwärtigen Zeitalters hinauszuführen.[249]

Eine rühmliche Ausnahme innerhalb dieser inzwischen ihrerseits der Vergangenheit angehörenden Diskussion über die ‚Postmoderne' stellt der britisch-polnische Sozialphilosoph Zygmunt Bauman dar, der Simmels radikale Modernität unterstreicht und die Anschlussfähigkeit von dessen Werk an die ‚zeitlose' Moderne-Diskussion unter Beweis zu stellen vermag. Bauman rekonstruiert die Erfahrung der Moderne vor dem Hintergrund eines notorischen Gefühls der Angst und der ‚Unentschiedenheit', das sich aus dem Umgang mit den spezifisch ‚modernen Ambivalenzen' ergibt und das durch die Sehnsucht nach Eindeutigkeit und Klassifizierung des Verschiedenartigen nicht beseitigt, sondern sogar noch gesteigert werde. Die dadurch bewirkte ‚Fragmentierung der Welt' sei aber die Kehrseite einer praktischen ‚Unentscheidbarkeit' zwischen dem Differenten, die heute zu einer ‚postmodernen' Kultur geführt habe, deren intellektuellen Wurzeln Bauman bei jüdischen Denkern wie Franz Kafka, Georg Simmel, Sigmund Freud und Jacques Derrida zurückverfolgt. Denn deren Werk verweise auf ein innerhalb der Moderne ausgeschlossenes ‚Drittes', das überhaupt erst eine spezifische Erfahrung von Modernität möglich gemacht habe. Dies wurde aber im Laufe des 20. Jahrhunderts immer wieder in einer Art und Weise als bedrohlich empfunden, dass sie sogar zu dem Versuch einer gänzlichen Ausrottung dieser Form der ‚Gegen-Kultur' geführt habe. Gerade die Erfahrung der „universalen Fremdheit" ist es aber, die nicht nur die Stellung des mittel- und osteuropäischen Judentums jahrhundertelang gekennzeichnet hat, dem auch Simmel entstammt, sondern zugleich auf eine „andere Seite der Assimilation" verweist, die sich einem eindeutigen Zugriff entzieht, zugleich aber auch den Ort einer außergewöhnlichen kulturellen Produktivität im Rahmen der „unendlichen Möglichkeiten einer unentscheidbaren Welt" kennzeichnet.[250] Simmel ist in den Augen Baumans insofern derjenige Analytiker der Moderne,

---

249 Vgl. zum Beispiel den entsprechenden Interpretationsversuch von Deena Weinstein und Michael Weinstein, Postmodern(ized) Simmel, London 1993.
250 Zygmunt Bauman, Moderne und Ambivalenz. Das Ende der Eindeutigkeit, Hamburg 1992, S. 13 ff. und 236 ff.

dessen ‚fremdartiges' jüdisches Denken einen Bruch in die überlieferten europäischen Ordnungsvorstellungen eingeführt habe und der sich in der Folgezeit als irreparabel erweisen sollte. Dieser Einbruch des Heterogenen kennzeichne den Weg hin zu einer „zersplitterten, fragmentarischen, episodischen Wahrheit", die keinen Platz mehr für die Allmachtphantasien einer ‚großen' Theorie zulasse, auch wenn diese Einsicht lange Zeit brauchte, bevor sie zur gängigen Münze werden konnte. Simmels ‚Unzeitgemäßheit' ist also nur die Kehrseite einer Medaille, deren Umlauf allmählich dazu geführt hat, dass die meisten seiner Kritiker und auch einige seiner ehemaligen Schüler heute selbst ganz schön alt aussehen.[251]

Dieses Lob der ‚Differenz', das Simmels Werk kennzeichnet und das von ihm auch für eine entsprechende Interpretation des modernen Geschlechterverhältnisses herangezogen worden ist, musste aber bei jenem Teil der bürgerlichen Frauenbewegung um 1900 auf fruchtbaren Boden stoßen, der seinerseits an einer Kultur der Differenz interessiert gewesen ist und der den Unterschied zwischen den Geschlechtern nicht einer rein formalrechtlichen Gleichstellungspolitik untergeordnet hat, sondern ebenfalls auf einer eigenständigen ‚weiblichen Kulturmission' insistierte. Zwar ist eine solche Position heute immer noch innerhalb der zeitgenössischen feministischen Diskussion umstritten. Gleichwohl wird inzwischen allgemein anerkannt, dass Simmels Werk einen intellektuellen Bezugsrahmen für eine eingehendere Erörterung dieses Spannungsverhältnisses zwischen ‚Gleichheit' und ‚Differenz' darstellt, in dem sich vortrefflich streiten lässt – und zwar vor allem dann, wenn man berücksichtigt, dass Simmel selbst die Suche nach der ‚einen' allgemeinverbindlichen Wahrheit ohnehin längst aufgegeben hatte.[252]

---

251 Ebenda, S. 227 ff.
252 Siehe hierzu exemplarisch Cornelia Klinger, „Georg Simmels ‚Weibliche Kultur' wiedergelesen – aus Anlass des Nachdenkens über feministische Wissenschaftskritik", in: Studia Philosophica 47 (1988), S. 141–166; Marianne Ulmi, Frauenfragen, Männergedanken. Zu Georg Simmels Philosophie und Soziologie der Geschlechter, Zürich 1989 sowie Ursula Menzer, Subjektive und objektive Kultur. Georg Simmels Philosophie der Geschlechter vor dem Hintergrund seines Kultur-Begriffs, Pfaffenweiler 1992.

Primärliteratur

Nachdem es bereits zwei gescheiterte Versuche zur Herausgabe der Schriften von Georg Simmel gegeben hat, ist der dritte Anlauf endlich erfolgreich gewesen. Denn seit 2015 liegen die beim Suhrkamp Verlag veröffentlichten 24 Bände der *Georg Simmel Gesamtausgabe* (GSG) vollständig vor, die seit 1989 unter der Leitung von Otthein Rammstedt erschienen sind. Jeder Band enthält neben einem editorischen Bericht, der ausführlich auf den Entstehungskontext der einzelnen Schriften eingeht, auch ein Verzeichnis der verwendeten Druckvorlagen und der Textvarianten, die sich aus dem Vergleich der verschiedenen Auflagen ergeben haben, ein Verzeichnis der Abkürzungen und Siglen sowie ein Namenregister. In dem die Gesamtausgabe abschließenden Band 24 sind ferner zahlreiche Dokumente zu Simmels Leben und akademischen Werdegang, eine Gesamtbibliographie seiner Veröffentlichungen sowie ein Namenregister aller Bände der Gesamtausgabe enthalten.

Zur besseren Orientierung wird im Folgenden eine kurze Übersicht über den Inhalt, die jeweiligen Bandherausgeber sowie das Erscheinungsdatum der einzelnen Bände angegeben. Weitere bibliographischen Angaben können dem entsprechenden Registerband entnommen werden, der 2015 erschienen ist. In den Anmerkungen der vorliegenden Einführung in das Werk von Georg Simmel werden die verwendeten Schriften und Veröffentlichungen Simmels nach dieser Gesamtausgabe mit Angabe des entsprechenden Bandes und der jeweiligen Seitenzahl unter der Sigel *GSG* zitiert.

Band 1: Das Wesen der Materie nach Kant's Physischer Monadologie. Abhandlungen 1882–1884. Rezensionen 1883–1901. Herausgegeben von Klaus Christian Köhnke. Frankfurt am Main 1997.

Band 2: Aufsätze 1887–1890. Über sociale Differenzierung. Die Probleme der Geschichtsphilosophie (1892). Herausgegeben von Heinz-Jürgen Dahme. Frankfurt am Main 1989.

Band 3: Einleitung in die Moralwissenschaft. Eine Kritik der ethischen Grundbegriffe. Erster Band. Herausgegeben von Klaus Christian Köhnke. Frankfurt am Main 1989.

Band 4: Einleitung in die Moralwissenschaft. Eine Kritik der ethischen Grundbegriffe. Zweiter Band. Herausgegeben von Klaus Christian Köhnke. Frankfurt am Main 1991.

Band 5: Aufsätze und Abhandlungen 1894–1900. Herausgegeben von Heinz-Jürgen Dahme und David P. Frisby. Frankfurt am Main 1992.

Band 6: Philosophie des Geldes. Herausgegeben von David P. Frisby und Klaus Christian Köhnke. Frankfurt am Main 1989.

Band 7: Aufsätze und Abhandlungen 1901–1908, Band I. Herausgegeben von Rüdiger Kramme, Angela Rammstedt und Otthein Rammstedt. Frankfurt am Main 1995.

Band 8: Aufsätze und Abhandlungen 1901–1908, Band II. Herausgegeben von Alessandro Cavalli und Volkhard Krech. Frankfurt am Main 1993.

Band 9: Kant. Die Probleme der Geschichtsphilosophie (Zweite Fassung 1905/1907). Herausgegeben von Guy Oakes und Kurt Röttgers. Frankfurt am Main 1997.

Band 10: Philosophie der Mode (1905). Die Religion (1906/1912). Kant und Goethe (1906/1916). Schopenhauer und Nietzsche. Herausgegeben von Michael Behr, Volkhard Krech und Gert Schmidt. Frankfurt am Main 1995.

Band 11: Soziologie. Untersuchungen über die Formen der Vergesellschaftung. Herausgegeben von Otthein Rammstedt. Frankfurt am Main 1992.

Band 12: Aufsätze und Abhandlungen 1909–1918, Band I. Herausgegeben von Rüdiger Kramme und Angela Rammstedt, Frankfurt am Main 2001.

Band 13: Aufsätze und Abhandlungen 1909–1918, Band II. Herausgegeben von Klaus Latzel. Frankfurt am Main 2000.

Band 14: Hauptprobleme der Philosophie. Philosophische Kultur. Herausgegeben von Rüdiger Kramme und Otthein Rammstedt. Frankfurt am Main 1996.

Band 15: Goethe. Deutschlands innere Wandlung. Das Problem der historischen Zeit. Rembrandt. Herausgegeben von Uta Kösser, Hans-Martin Kruckis und Otthein Rammstedt. Frankfurt am Main 2003.

Band 16: Der Krieg und die geistigen Entscheidungen. Grundfragen der Soziologie. Das Wesen des historischen Verstehens. Der Konflikt der modernen

Kultur. Lebensanschauung. Herausgegeben von Gregor Fitzi und Otthein Rammstedt. Frankfurt am Main 1999.

Band 17: Miszellen und Stellungnahmen 1889–1918. Anonyme und pseudonyme Veröffentlichungen 1888–1920. Beiträge aus der ‚Jugend' 1897–1907. Herausgegeben von Klaus Christian Köhnke unter Mitarbeit von Cornelia Jaenichen und Erwin Schullerus. Frankfurt am Main 2005.

Band 18: Englischsprachige Veröffentlichungen 1893–1910. Herausgegeben von David P. Frisby. Frankfurt am Main 2008.

Band 19: Französisch- und italienischsprachige Veröffentlichungen. Mélanges de philosophie relativiste. Herausgegeben von Christian Papilloud, Angela Rammstedt und Patrick Watier. Frankfurt am Main 2002.

Band 20: Postume Veröffentlichungen. Ungedrucktes. Schulpädagogik. Herausgegeben von Torge Karlsruhen und Otthein Rammstedt. Frankfurt am Main 2004.

Band 21: Kolleghefte, Mit- und Nachschriften. Bearbeitet und herausgegeben von Angela Rammstedt und Cécile Rol. Berlin 2010.

Band 22: Briefe 1880–1911. Bearbeitet und herausgegeben von Klaus Christian Köhnke. Frankfurt am Main 2005.

Band 23: Briefe 1912–1918. Jugendbriefe. Bearbeitet und herausgegeben von Otthein und Angela Rammstedt. Frankfurt am Main 2008.

Band 24: Nachträge. Dokumente. Gesamtbibliographie. Übersichten. Indices. Bearbeitet und herausgegeben von Otthein Rammstedt unter Mitarbeit von Angela Rammstedt und Erwin Schullerus. Berlin 2015.

***

Neben der *Georg Simmel Gesamtausgabe* gibt es noch eine Reihe von Textsammlungen, die sich ebenfalls als sehr brauchbar für die akademische Forschung und Lehre sowie die private Lektüre erwiesen haben. Wir beschränken uns im Folgenden auf eine Angabe der gebräuchlichsten deutschsprachigen Textsammlungen in der zeitlichen Reihenfolge ihres Erscheinens:

Zur Philosophie der Kunst. Philosophische und kulturphilosophische Aufsätze. Herausgegeben von Gertrud Simmel. Potsdam 1922.

Fragmente und Aufsätze aus dem Nachlaß und Veröffentlichungen der letzten Jahre. Herausgegeben und mit einem Vorwort von Getrud Kantorowicz. München 1923.

Brücke und Tür. Essays des Philosophen zur Geschichte, Religion, Kunst und Gesellschaft. Im Verein mit Margarete Susman herausgegeben von Michael Landmann. Stuttgart 1957 (Neuausgabe ohne Einleitung von Michael Landmann unter dem Titel: *Das Individuum und die Freiheit.* Essais. Berlin 1984 und Frankfurt am Main 1993).

Das individuelle Gesetz. Philosophische Exkurse. Herausgegeben und eingeleitet von Michael Landmann. Frankfurt am Main 1968 (Neuausgabe 1987 mit einem Nachwort von Klaus Christian Köhnke).

Philosophische Kultur. Über das Abenteuer, die Geschlechter und die Krise der Moderne. Gesammelte Essais. Mit einem Nachwort von Jürgen Habermas. Berlin 1983.

Schriften zur Soziologie. Eine Auswahl. Herausgegeben und eingeleitet von Heinz-Jürgen Dahme und Otthein Rammstedt. Frankfurt am Main 1983.

Schriften zur Philosophie und Soziologie der Geschlechter. Herausgegeben von Heinz-Jürgen Dahme und Klaus Christian Köhnke. Frankfurt am Main 1985.

Vom Wesen der Moderne. Essays zur Philosophie und Ästhetik. Herausgegeben von Werner Jung. Hamburg 1990.

Soziologische Ästhetik. Herausgegeben und eingeleitet von Klaus Lichtblau. Bodenheim und Darmstadt 1998 (Neuausgabe Wiesbaden 2009).

Georg Simmel in Wien. Texte und Kontexte aus dem Wien der Jahrhundertwende. Herausgegeben und eingeleitet von David Frisby. Wien 2000.

Jenseits der Schönheit. Schriften zur Ästhetik und Kunstphilosophie. Ausgewählt und mit einem Nachwort von Ingo Meyer. Frankfurt am Main 2008.

Individualismus der modernen Zeit und andere soziologische Abhandlungen. Ausgewählt und mit einem Nachwort von Otthein Rammstedt. Frankfurt am Main 2008.

Das Abenteuer und andere Essays. Herausgegeben von Christian Schärf. Frankfurt am Main 2010.

Sekundärliteratur

Die folgende Zusammenstellung deutschsprachiger und englischsprachiger Sekundärliteratur ist als Hilfestellung für die Forschung und Lehre gedacht. Sie ist selbstverständlich in keiner Weise erschöpfend, jedoch für den derzeitigen Stand der internationalen Simmel-Forschung repräsentativ. Diese Zusammenstellung wichtiger Sekundärliteratur folgt dem chronologischen Prinzip, das heißt sie orientiert sich an dem Zeitpunkt des erstmaligen Erscheinens der jeweiligen Monographien und Sammelwerke, da diese ja in der Regel aufeinander Bezug nehmen und insofern auch ein gewisser Fortschritt innerhalb der Simmel-Forschung der letzten sechzig Jahre festgestellt werden kann.

Kurt Gassen und Michael Landmann (Hrsg.), Buch des Dankes an Georg Simmel. Briefe, Erinnerungen, Bibliographie. Berlin 1958.

Diese bewährte biographische und bibliographische Dokumentation ist immer noch hilfreich für einen ersten umfassenden Überblick über Simmels Leben und Werk. Sie enthält nicht nur den „Anfang einer unvollendeten Selbstdarstellung" von Georg Simmel sowie die ersten Bausteine zu seiner Biographie, sondern auch Teile des erhalten gebliebenen Briefwechsels zwischen Simmel und Adolf von Harnack, Edmund Husserl, Heinrich Rickert, Rainer Maria Rilke, Auguste Rodin, Margarete Susman, Max Weber und Marianne Weber, ferner zahlreiche Erinnerungen an Simmel von Persönlichkeiten wie Friedrich Gundolf, Georg Lukács, Ludwig Marcuse, Marianne Weber, Wilhelm Worringer, Martin Buber, Rudolf Pannwitz, Ernst Bloch, Kurt Hiller, Paul Honigsheim, Margarete Susman, Albert Schweizer und viele andere heute nicht mehr so bekannte Gestalten. Eine umfangreiche Bibliographie der Primär- und Sekundärliteratur, die sich auf den Stand von 1958 befindet, ist im Anhang dieses Materialienbandes abgedruckt, der zum 100. Geburtstag von Simmel erschienen ist und der auch einige bemerkenswerte photographische Abbildungen von Simmel enthält.

Kurt H. Wolff (Hrsg.), Georg Simmel – 1858–1918. A Collection of Essays, with Translations and a Bibliography. Columbus (Ohio) 1959.

Dies ist die erste Bestandsaufnahme des Standes der internationalen Simmel-Forschung nach dem Zweiten Weltkrieg und enthält unter anderem Aufsätze von Donald N. Levine, Friedrich H. Tenbruck, Paul Honigsheim, Heinz Maus und Howard Becker. Von Simmel selbst sind in diesem Band auch englischsprachige Übersetzungen seiner Aufsätze über das Abenteuer, die ästhetische Bedeutung des Gesichts, das Problem der Religion sowie sein „Exkurs über die Frage: Wie ist Gesellschaft möglich?" aufgenommen worden. Kurt Gassen ist in diesem Band mit der ersten ernst zu nehmenden Bibliographie der Sekundärliteratur zu Simmels Werk vertreten, während Kurt H. Wolff eine Übersicht über Simmels Bücher und seine englischsprachigen Veröffentlichungen beisteuert.

Horst Müller, Lebensphilosophie und Religion bei Georg Simmel. Berlin 1960.

Hierbei handelt es sich um einen auch heute noch lesenswerten Beitrag zu Simmels Religionsphilosophie. Im ersten Teil werden die erkenntnistheoretischen und metaphysischen Voraussetzungen seiner Lebensphilosophie aufgezeigt und Simmels Zeit- und Freiheitsverständnis behandelt. Im zweiten Teil dieser Monographie wird ferner ausführlich auf die Einbettung von Simmels Religionsverständnis in sein lebensphilosophisches Spätwerk eingegangen.

Lewis A. Coser (Hrsg.), Makers of Modern Social Science: Georg Simmel. New Jersey 1965.

Dieser Band enthält neben einer Einführung von Lewis Coser in Simmels soziologisches Werk unter anderem auch englischsprachige Übersetzungen von Besprechungen Simmel'scher Veröffentlichungen von Émile Durkheim, Ferdinand Tönnies, Leopold von Wiese, Célestin Bouglé und Alfred Mamelet. Im dritten und vierten Teil dieses Bandes sind Aufsätze von Friedrich H. Tenbruck, Donald N. Levine, Rudolf Heberle, Rudolph A. Weingartner, Albert Salomon, Raymond Aron, Pitirim A. Sorokin, Theodore M. Mills sowie Coser aufgenommen worden.

Heribert J. Becher, Georg Simmel. Die Grundlagen seiner Soziologie. Mit einem Vorwort von Gottfried Eisermann. Stuttgart 1971.

Bei dieser Dissertation handelt es sich um eine einschlägige Einführung in Simmels Soziologie. In ihr steht der Begriff der ‚Wechselwirkung' im Zentrum, den Simmel sowohl seinen soziologischen Arbeiten als auch seiner „Philosophie des Geldes" zugrunde gelegt hat. Becher macht dabei zum einen die Bedeutung von Simmels Unterscheidung zwischen dem ‚Inhalt' und der ‚Form' von sozialen Wechselwirkungen deutlich. Zum anderen geht er ausführlich auf Simmels Verständnis von ‚Gesellschaft' sowie den damit in engem Zusammenhang stehenden drei ‚soziologischen Apriotitäten' ein. Im letzten Teil dieser Arbeit werden verschiedene Probleme bei der Anwendung des Begriffs der Wechselwirkung in der empirischen Sozialforschung angesprochen.

Peter-Ernst Schnabel, Die soziologische Gesamtkonzeption Georg Simmels. Eine wissenschaftshistorische und wissenschaftstheoretische Untersuchung. Stuttgart 1974.

Diese Dissertation stellt den Versuch einer Würdigung von Simmels soziologischer ‚Gesamtkonzeption' dar. Zunächst geht Schnabel auf die Bedeutung der Wissenschaftsgeschichte für unterschiedliche Rezeptionen klassischer Werke ein, wobei die Simmel-Interpretationen von Ottmar Spann, Pitirim Sorokin, Hans Freyer, Raymond Aron und Georg Lukács zur Verdeutlichung herangezogen werden. Ferner wird die Eigenart der nordamerikanischen Simmel-Rezeption verdeutlicht. Im letzten Teil dieser Arbeit stellt Schnabel seine eigene Interpretation von Simmels Soziologieverständnis zur Diskussion.

Hannes Böhringer und Karlfried Gründer (Hrsg.), Ästhetik und Soziologie um die Jahrhundertwende: Georg Simmel. Frankfurt am Main 1976.

Der vorliegende Sammelband ist aus einer Tagung des unter Leitung von Joachim Ritter gegründeten Arbeitskreises „Philosophie" des von der Fritz Thyssen Stiftung geförderten Forschungsunternehmens „Neunzehntes Jahrhundert" hervorgegangen, die im April 1973 in Köln stattfand. Er enthält eine Reihe wichtiger Aufsätze, die inzwischen zum ‚klassischen' Repertoire der Simmel-Forschung gehören und für jeden unverzichtbar sind, der sich eingehender mit dem Werk von Georg Simmel befassen will. Neben einer allgemeinen Einführung von Michael Landmann sind insbesondere die Studie von J. A. Schmoll gen. Eisenwerth über Simmel und Rodin und Sibylle Hübner-Funks Essay über das Verhältnis von Ästhetik und Soziologie bei Simmel zu erwähnen, ferner Hannes Böhringers kompetente Einführung in das Denken des jungen Simmel sowie die metaphorologische Studie von Hans Blumenberg über den lebensphilosophischen

Gehalt von Simmels „Philosophie des Geldes". Arbeiten zum soziologischen Rollenbegriff und zur sozialtheoretischen Bedeutung des ‚Dritten' in Simmels Soziologie sind in diesem Band ebenso enthalten wie eine umfangreiche englischsprachige Studie über Simmels Einfluss auf die nordamerikanische Soziologie von Donald Levine. Die in diesem Band abgedruckten Lebenserinnerungen von Simmels Sohn Hans, Äußerungen von Ernst Bloch über Simmel und Artur Steins Erinnerungen an Simmel sowie eine Vervollständigung der von Kurt Gassen 1958 erstellten Bibliographie der Schriften von und zu Simmel machen diesen Band zu einer unverzichtbaren Quelle, von der auch noch die zeitgenössische Simmel-Forschung zehrt.

Petra Christian, Einheit und Zwiespalt. Zum hegelianisierenden Denken in der Philosophie und Soziologie Georg Simmels. Berlin 1978.

Diese Heidelberger Dissertation stellt Simmels Werk in den Kontext des ‚Neuhegelianismus', der sich um 1900 im deutschen Sprachraum zu verbreiten begann. Zum einen werden die hegelianisierenden Elemente in Simmels Werk herausgearbeitet. Zum anderen wird auf die zentrale Bedeutung des Begriffs der ‚Wechselwirkung' bei Simmel eingegangen, wobei die Autorin die komplexe Geschichte dieses Begriffes in eindrucksvoller Weise rekonstruiert. Im Schlussteil dieser Arbeit wird die Bedeutung der Geselligkeit als ‚Spiel-Form der Vergesellschaftung' aufgezeigt.

Heinz-Jürgen Dahme, Soziologie als exakte Wissenschaft. Georg Simmels Ansatz und seine Bedeutung in der gegenwärtigen Soziologie. Stuttgart 1981.

Diese 1980 an der Universität Bielefeld als Dissertation angenommene Untersuchung gibt im ersten Teil einen sehr guten Überblick über die soziologische Simmel-Rezeption bis zum Ende der 1970er Jahre. Dahme geht in dieser Arbeit sowohl auf den Psychologismus-, Formalismus-, Irrationalismus- als auch den Ästhetizismus-Vorwurf ein, der immer wieder gegenüber Simmels Schriften erhoben worden ist. Im zweiten Teil der Arbeit unternimmt er in einer überzeugenden Art und Weise den Versuch, Simmels Soziologie im Grundriss darzustellen und gegenüber dessen Kritikern wieder in ein rechtes Licht zu rücken. Die Arbeit zeichnet sich durch einen hohen Informationsgehalt aus, ist äußerst zuverlässig in der sachlichen Darstellung und sehr gut lesbar, so dass sie auch dem Simmel-Laien als umfassende Einführung in das soziologische Werk von Georg Simmel ohne Einschränkung empfohlen werden kann.

David Frisby, Sociological Impressionism. A Reassessment of Georg Simmel's Social Theory. London 1981. Second edition with a new Afterword. London/New York 1992.

Mit dieser bahnbrechenden Studie gelingt es David Frisby nach langen Jahren des Schweigens und der Ausgrenzung Simmels Werk wieder in das intellektuelle Gedächtnis einer nicht in der marxistischen Orthodoxie erstarrten linken Kulturtheorie zurückzurufen. Indem Frisby dieses Werk mit den Augen des jungen Georg Lukács und vor dem Hintergrund von Robert Musils Roman „Der Mann ohne Eigenschaften" sowie Walter Benjamins „Passagen-Werk" liest, gelingt ihm eine verblüffende Aktualisierung des ästhetischen Gehalts von Simmels Schriften, die diese in den Kontext ihrer Zeit stellt und auch für die gegenwärtige kulturtheoretische Diskussion anschlussfähig macht. Im Nachwort zur Zweitauflage dieser Untersuchung aus dem Jahre 1992 hat Frisby zwar einige Relativierungen seines Interpretationsansatzes vorgenommen, welche die mögliche Gefahr einer allzu undifferenzierten und einseitigen Zurechnung von Simmels Werk auf die impressionistische Bewegung der Jahrhundertwende betreffen. Dies ändert jedoch nichts an dem substantiellen Gehalt dieser äußerst stimulierenden Untersuchung, die längst eine Übersetzung in die Muttersprache Georg Simmels verdient hat.

Sibylle Hübner-Funk, Georg Simmels Konzeption von Gesellschaft. Ein Beitrag zum Verhältnis von Soziologie, Ästhetik und Politik. Köln 1982.

Diese Abhandlung, die 1968 an der Freien Universität Berlin als Diplomarbeit angenommen wurde, ist sowohl in ihrer Fragestellung als auch in ihrer Einschätzung von Simmels Werk durch die Studentenbewegung von 1968 geprägt. Hübner-Funk versteht ihren Beitrag zur Simmel-Forschung als ‚gesellschaftsphilosophisch', wobei sie sich auf die Schnittstelle von Ästhetik, Politik und Soziologie in Simmels Schriften konzentriert. Die Autorin steht noch ganz unter dem Einfluss der Simmel-Kritik, die der ‚späte' Georg Lukács 1954 in seinem monumentalen Machwerk „Die Zerstörung der Vernunft' vorgetragen hat. Sie wirft Simmel einen ‚bürgerlichen Ästhetizismus' vor, der sich bei ihm in Form einer ‚ästhetischen Soziologie' niedergeschlagen habe.

Heinz-Jürgen Dahme und Otthein Rammstedt (Hrsg.), Georg Simmel und die Moderne. Neue Interpretationen und Materialien. Frankfurt am Main 1984.

Dieser aus einer internationalen Simmel-Tagung hervorgegangene Sammelband, die Juni 1982 im Zentrum für interdisziplinäre Forschung der Universität Bielefeld stattfand, gibt einen guten Überblick über den internationalen Stand der Simmel-Forschung zu Beginn der 1980er Jahre. In ihm wurde erstmals eine längere deutsche Fassung von David Frisbys Interpretation von Simmels Theorie der Moderne veröffentlicht, die maßgeblich die neuere Simmel-Forschung im Bereich der Kulturtheorie beeinflusst hat. Ferner enthält dieser Band eine deutsche Übersetzung des Aufsatzes von Lewis Coser über Simmels Beitrag zu einer Soziologie der Frau, der einen Meilenstein innerhalb der internationalen Diskussion über Simmels Philosophie und Soziologie der Geschlechter darstellt. Der Band enthält ferner einen schönen Aufsatz von Michael Landmann über Simmel und Stefan George sowie einen umfangreichen Aufsatz über Simmels Nietzsche-Rezeption von Klaus Lichtblau. Erwähnt seien ferner die Beiträge zu Simmels Ästhetik, zu allgemeinen Problemen der zeitgenössischen Simmel-Rezeption sowie die bis zu diesem Zeitpunkt noch unbekannten Briefe Simmels an Friedrich Gundolf und Stefan George sowie zahlreiche kleinere Texte des jungen Simmel, die Klaus Christian Köhnke im Rahmen seiner umfangreichen Archivarbeiten gefunden hat und hier erstmals einem breiteren Publikum vorstellt.

Antonius M. Bevers, Dynamik der Formen bei Georg Simmel. Eine Studie über die methodische und theoretische Einheit eines Gesamtwerkes. Berlin/München 1985.

Dieses aus einer niederländischen Doktorarbeit hervorgegangene Buch stellt den anspruchsvollen Versuch dar, die Einheit von Simmels Werk vor dem Hintergrund des übergreifenden Stellenwerts seiner Form-Inhalt-Unterscheidung und seines Wechselwirkungsbegriffs zu rekonstruieren. Im ersten Teil der Arbeit werden zunächst Simmels erkenntnistheoretische Grundüberzeugungen dargestellt, um diese im zweiten Teil für eine Interpretation der methodologischen Eigenart seiner formalen Soziologie fruchtbar zu machen. Simmels eigener soziologischer Ansatz wird dabei dem von Max Weber verfolgten Projekt einer ‚Verstehenden Soziologie' gegenübergestellt, um die entsprechenden Unterschiede zwischen diesen beiden soziologischen Ansätzen zu verdeutlichen. Im dritten Teil der Arbeit wird gezeigt, dass die Eigenart von Simmels Kultur- und Lebensphilosophie durch dessen Rezeption des Neukantianismus geprägt worden ist und insofern dem Formenbegriff eine große Bedeutung für ein tieferes Verständnis seines späteren Werkes zugesprochen werden muss.

Yoshio Atoji, Georg Simmel's Sociological Horizons. Tokyo 1986.

In dieser Aufsatzsammlung des ‚Altmeisters' der japanischen Simmel-Forschung wird zum einen Simmels soziologisches Werk diskutiert. Zum anderen kommt auch Simmels Verständnis von Religion, die Bedeutung seiner Austauschtheorie für das ökonomische und soziale Leben sowie sein Beitrag zur Pädagogik zur Sprache. In einem Appendix werden ferner Simmels kunstphilosophische

Arbeiten ausgehend von seinen frühen ethnologisch-psychologischen Studien über die Musik bis hin zu seinem lebensphilosophischen Spätwerk dargestellt.

Otthein Rammstedt (Hrsg.), Simmel und die frühen Soziologen. Nähe und Distanz zu Durkheim, Tönnies und Max Weber. Frankfurt am Main 1988.

Dieser aus einer zweiten Bielefelder Simmel-Tagung vom Juni 1984 hervorgegangene Sammelband hat Simmels Verhältnis zu den anderen großen drei ‚Gründervätern' der modernen Soziologie zum Gegenstand, das sowohl als Zweierverhältnis als auch Dreier- und Viererverhältnis zwischen Simmel, Durkheim, Tönnies und Max Weber durchdekliniert wird. Der immer wieder fündige Simmel-Forscher Klaus Christian Köhnke steuert ferner einen sehr informativen Aufsatz über „Wissenschaft und Politik in den Sozialwissenschaftlichen Studentenvereinigungen der 1890er Jahre" bei, mit denen Simmel Kontakt unterhielt und in deren Umkreis er sein eigenes sozialpolitisches Engagement unter Beweis stellte.

David Frisby, Fragmente der Moderne. Georg Simmel – Siegfried Kracauer – Walter Benjamin. Rheda-Wiedenbrück 1989.

Dieses erstmals 1985 in englischer Sprache erschienene Buch knüpft an Frisbys Untersuchung über den ‚soziologischen Impressionismus' aus dem Jahre 1981 an und stellt Simmel zusammen mit Siegfried Kracauer und Walter Benjamin in den Kontext der damaligen Diskussion über Wesen und Eigenart der kulturellen Moderne. Frisby gelingt dabei der Nachweis, dass Simmels Verständnis der Moderne als einer ‚ewigen Gegenwart' sich dem spezifischen Erfahrungsgehalt der ästhetischen Moderne verdankt, wie er erstmals in Charles Baudelaires Essay über den „Maler des modernen Lebens" aus dem Jahre 1863 zum Ausdruck kommt und später Eingang in die Arbeiten der verschiedenen Vertreter der ästhetischen und literarischen Moderne fand. Indem Frisby das Werk von Siegfried Kracauer und Walter Benjamin in den Kontext der von Baudelaire und Simmel im Bereich der Ästhetik und Philosophie eröffneten Moderne-Diskussion stellt, wird deutlich, in welchem Ausmaß Simmel diese erste Generation der Kritischen Theorie geprägt und insofern zu Recht als Vorläufer eines unorthodoxen ‚Kultur-Bolschewismus' betrachtet werden kann.

Michael Kaern, Bernard S. Phillips und Robert S. Cohen (Hrsg.), Georg Simmel and Contemporary Sociology. Dordrecht 1990.

Dieser aus einer internationalen Tagung hervorgegangene Sammelband ermöglicht einen guten Überblick über den weltweiten Stand der Simmel-Forschung bis 1990. In ihm sind unter anderem Beiträge von Heinz-Jürgen Dahme, David P. Frisby, Klaus Christian Köhnke, Gary Dean Jaworski, Birgitta Nedelmann, Lawrence A. Scaff und Anna Wessely abgedruckt. Das hierbei behandelte Themenspektrum ist komplex und umfasst die Simmel-Renaissance nach dem Zweiten Weltkrieg, das Gesellschafts- und Modernitätsverständnis Simmels, die Simmel-Rezeption von Talcott Parsons, den Stellenwert des ‚Erlebens' in Simmels Soziologie, seine Kultur- und Geschlechterphilosophie, sein Verständnis von ‚Metaphysik' sowie seinen Einfluss auf Georg Lukács' Schriften zur Ästhetik.

Mike Featherstone (Hrsg.), Georg Simmel. London 1991.

Der vorliegende Sammelband ist aus einem Simmel-Schwerpunktheft der britischen Fachzeitschrift „Theory, Culture & Society" hervorgegangen, das eine Bestandsaufnahme des bis zu diesem Zeitpunkt erreichten internationalen Diskussionsstandes über Simmels Ästhetik und Kulturtheorie darstellt. Neben englischsprachigen Übersetzungen einiger Originaltexte Simmels enthält dieser Band auch eine sehr informative und lesenswerte Einleitung von Mike Featherstone, die Simmels Bedeutung für die damalige angelsächsische Kulturkritik verdeutlicht, einen systematischen Vergleich der Werke von Georg Simmel und Max Weber, ferner Aufsätze zu Simmels Ästhetik des modernen Lebens und seinen in der Zeitschrift „Jugend" meist anonym veröffentlichten Schriften. Schließlich werden auch seine Rolle als Erzieher und theoretischer Bastler, seine Individualisierungstheorie, seine Soziologie des Raumes sowie seine Kriegsschriften dargestellt. Einige bibliographische Hinweise von David Frisby über die bisherigen englischsprachigen Übersetzungen der Schriften Georg Simmels sowie Besprechungen neuerer Sekundärliteratur beschließen diesen Band, der ein repräsentatives Dokument der damaligen internationalen Simmel-Forschung darstellt.

David Frisby, Simmel and Since. Essays on Georg Simmel's Social Theory. London 1992.

In dieser Aufsatzsammlung sind zentrale Aufsätze von David Frisby erneut zum Abdruck gebracht worden. Neben den bereits aus seinen beiden großen Simmel-Monographien bekannten Themen enthält dieser Band auch Aufsätze über die Bedeutung der Sozialpsychologie in Simmels Werk, sein Verhältnis zur subjektiven Wertlehre und zur ‚marginalistischen Revolution' innerhalb der modernen Nationalökonomie, über seine Soziologie des Raumes, der Großstadt und der Freizeit sowie die Ästhetik des modernen Lebens. In einem abschließenden Essay nimmt Frisby noch einmal grundsätzlich zu Simmels Rolle innerhalb der Moderne- und Postmoderne-Diskussion Stellung.

Felicitas Dörr, Die Kunst als Gegenstand der Kulturanalyse im Werk Georg Simmels. Berlin 1993.

Diese Münchener Dissertation geht von einem weit gefassten Verständnis von ‚Kulturwissenschaft' aus, dem auch Simmels formale Soziologie zugerechnet wird. Entsprechend ist für die Verfasserin die ‚Kulturanalyse' der Oberbegriff von Simmels Erkenntnistheorie, Soziologie und Lebensphilosophie. Simmels Schriften zur Kunst werden allerdings nicht eindeutig diesem ‚kulturwissenschaftlichen' Paradigma zugeordnet. Stattdessen werden einige seiner großen Künstlerportraits sowie seine ästhetischen Studien über das Gesicht, die Landschaft, den Künstler und das Kunstwerk ohne einen derartigen modischen Vereinnahmungsversuch rein werkimmanent behandelt.

Jeff Kintzelé und Peter Schneider (Hrsg.), Georg Simmels Philosophie des Geldes. Frankfurt am Main 1993.

Der vorliegende Sammelband ist aus einer Tagung hervorgegangen, die Januar 1989 im Großherzogtum Luxemburg stattfand und die es sich zur Aufgabe gestellt hatte, Simmels „Philosophie des Geldes" mit den Veränderungen innerhalb der modernen Finanzwelt zu konfrontieren, die seit dem Erscheinen dieses bahnbrechenden Buches stattgefunden haben. Neben konventionellen philologischen Untersuchungen zu Simmels Geldtheorie enthält dieser Band auch eine Reihe von fast schon als avantgardistisch zu bezeichnenden Beiträgen zu einer zeitgenössischen Soziologie des Geldes, welche die Anschlussfähigkeit von Simmels Denkstil sowohl in Richtung auf eine moderne nationalökonomische als auch eine durch die moderne Linguistik, den Poststrukturalismus und die Systemtheorie geprägte Geldauffassung deutlich werden lässt. Wer endlich wissen will, was er eigentlich tut, wenn er regelmäßig die Kreditkarte und die moderne Form des Home-Bankings benutzt, dem wird mit diesen zuletzt genannten Beiträgen sicherlich in einer auch heute noch zeitgemäßen Form weitergeholfen.

Paschen von Flotow, Geld, Wirtschaft und Gesellschaft. Georg Simmels „Philosophie des Geldes". Frankfurt am Main 1995.

Dieser Schweizer Dissertation, die 1992 an der Hochschule in St. Gallen angenommen wurde, gibt einen umfassenden Überblick über Simmels „Philosophie des Geldes". Im Mittelpunkt dieser Arbeit steht das Spannungsverhältnis zwischen einer ‚relativistischen' und einer ‚absolutistischen' Auffassung des Tauschwertes ökonomischer Güter. Dabei kommt auch die Nähe von Simmels Darstellung der ‚Doppelfunktion' des Geldes zur Grenznutzenlehre sowie zur objektiven

Wertlehre zur Sprache. Ferner werden die gesellschaftlichen und kulturellen Auswirkungen der entfalteten Geldwirtschaft dargestellt.

Klaus Christian Köhnke, Der junge Simmel in Theoriebeziehungen und sozialen Bewegungen. Frankfurt am Main 1996.

Mit dieser Berliner Habilitationsschrift aus dem Jahre 1994 hat Klaus Christian Köhnke eine Summe seiner langjährigen Simmel-Forschungen vorgelegt, die ihn durch zahlreiche Archive, Forschungsprojekte und Tagungen geführt haben. Köhnke konzentriert sich dabei auf den ‚jungen Simmel'. Jung bedeutet in diesem Zusammenhang die intellektuelle Entwicklung Simmels ausgehend von seinen Studienjahren bis hin zur Verfassung seiner „Philosophie des Geldes". Neben einer ausführlichen Darstellung seiner ‚gescheiterten' akademischen Laufbahn steht in der vorliegenden Untersuchung Simmels „Einleitung in die Moralwissenschaft" im Mittelpunkt der Betrachtung, über deren Entstehung Köhnke auch mehrere Jahre im Rahmen eines institutionell geförderten Forschungsprojektes gearbeitet hat. Ihm gelingt es dabei, die Bedeutung der Völkerpsychologie für die Entstehung von Simmels Werk deutlich zu machen, die dieser bei seinem Berliner Lehrer Moritz Lazarus studierte und die ihn allmählich zur Begründung einer ganz eigenständigen Form der modernen Soziologie geführt hat. Zugleich macht diese Untersuchung deutlich, wie stark sich Simmels ursprünglich ‚positivistische' Auffassung der menschlichen Erkenntnis und seine Konzeption des Individuums als bloßer ‚Schnittpunkt sozialer Kreise' später zugunsten eines neukantianischen und neoidealistischen Wissenschafts- und Philosophieverständnisses geändert hat.

Klaus Lichtblau, Kulturkrise und Soziologie um die Jahrhundertwende. Zur Genealogie der Kultursoziologie in Deutschland. Frankfurt am Main 1996.

In dieser Kasseler Habilitationsschrift wird Simmels Werk zusammen mit dem von Ferdinand Tönnies, Werner Sombart, Max Weber, Max Scheler und Karl Mannheim als Ausdruck einer umfassenden Krise der bürgerlichen Kultur im deutschsprachigen Raum verstanden. Ausgehend von der um 1890 einsetzenden Nietzsche-Rezeption wird Simmels Beitrag zur Debatte bezüglich einer notwendigen ‚Umwertung aller Werte' aufgezeigt. Anschließend wird im thematischen Kontext einer ‚ästhetischen Wiederverzauberung der Welt' Simmels Programm einer ‚Soziologischen Ästhetik' dargestellt und als Beitrag zu einem tieferen Verständnis der Moderne als einem ‚Gesamtkunstwerk' gewürdigt. Im Rahmen der ‚Rehabilitierung der Liebe' um 1900 wird ferner Simmels Beitrag zur modernen Geschlechterproblematik verdeutlicht. Schließlich wird Simmels

Rolle bei der Proklamation der ‚Ideen von 1914' beleuchtet, die darauf abzielten, der deutschen Kriegsführung während des Ersten Weltkrieges eine besondere ‚Kulturmission' zuzusprechen.

Gary D. Jaworski, Georg Simmel and the American Prospect. Albany, NY. 1997.

Diese Essaysammlung hat Simmels Bedeutung innerhalb der nordamerikanischen Soziologie zum Gegenstand. Zunächst werden die frühen englischsprachigen Übersetzungen von Simmels Schriften ausführlich dargestellt. Im Hauptteil der Arbeit werden dann verschiedene Aspekte der Simmel-Rezeption von Talcott Parsons, Kaspar D. Naegele, Robert K. Merton und Lewis Coser behandelt. Schließlich wird auf die Simmel-Rezeption von Vertretern des nordamerikanischen ‚Postmodernismus' eingegangen. Ein von Jaworski mit einer Einleitung und Anmerkungen versehener Vortrag über Leben und Werk Simmels, den Albert Salomon am 9. Januar 1963 im Leo-Baeck-Institut in New York gehalten hat, ist ebenfalls in diesem anregenden Band abgedruckt worden.

Volkhard Krech, Georg Simmels Religionstheorie. Tübingen 1998.

In dieser Bielefelder Dissertation wird Simmels Religionstheorie ausführlich gewürdigt. Obwohl Krech von der Prämisse ausgeht, dass von Simmel eine einheitliche und konsistente Theorie der Religion offensichtlich nicht beabsichtigt gewesen sei, gelingt es ihm dennoch, die ‚Multidisziplinarität' von Simmels Religionstheorie in einer nachvollziehbaren Weise zu verdeutlichen. Seine Interpretation folgt dabei einer strikt werkgeschichtlichen Perspektive, wobei zwischen der soziologischen, der kulturwissenschaftlichen und der lebensphilosophischen Phase von Simmels Schaffen unterschieden wird. Abschließend wird der Versuch unternommen, den soziologischen Gehalt von Simmels Religionstheorie zu rekonstruieren.

Jürgen G. Backhaus und Hans-Joachim Stadermann (Hrsg.), Georg Simmels Philosophie des Geldes. Einhundert Jahre danach. Marburg 2000.

In den einzelnen Beiträgen dieses Sammelbandes wird Simmels „Philosophie des Geldes" unter Bezugnahme auf die verschiedenen Geldtheorien seiner Epoche diskutiert. Dabei werden dieses philosophische Hauptwerk von Simmel aus der Sicht der modernen Wirtschafts- und Sozialwissenschaften durchleuchtet und die entsprechenden dogmengeschichtlichen Bezüge verdeutlich.

Andreas Ziemann, Die Brücke zur Gesellschaft. Erkenntniskritische und topographische Implikationen der Soziologie Georg Simmels. Konstanz 2000.

In dieser Essener Dissertation wird der Versuch unternommen, die gesellschaftstheoretischen Implikationen von Simmels formaler Soziologie sowohl in wissenschaftsgeschichtlicher als auch in systematischer Weise zu rekonstruieren. Zunächst wird Simmels Auseinandersetzung mit Kant und deren Einbettung in die neukantianische Bewegung um 1900 dargestellt. Bezüglich des für Simmels Werk zentralen Begriffs der ‚Wechselwirkung' werden dessen Wurzeln bei Kant, Schleiermacher, Dilthey und Helmholtz verdeutlicht. Anschließend wird ausführlich auf Simmels Analysen des Konfliktes, der Geselligkeit, der Geldwirtschaft, der Religion sowie der räumlichen Dimension von Vergesellschaftungsprozessen eingegangen.

Stephan Moebius, Simmel lesen. Moderne, dekonstruktive und postmoderne Lektüren der Soziologie von Georg Simmel. Stuttgart 2002.

In diesem anregenden Band stellt Stephan Moebius in beeindruckender Weise seine Fähigkeit unter Beweis, die Anschlussfähigkeit eines soziologischen Klassikers wie Georg Simmel an neuere Denkströmungen zu verdeutlichen. Denn Simmel ist ja nicht nur ein Theoretiker der ‚Moderne', sondern gibt in seinem Werk auch viele Denkanstöße, die im Umfeld des ‚Dekonstruktivismus' und der Diskussion über die ‚Postmoderne' auf einen fruchtbaren Boden gefallen sind. Im Mittelpunkt dieser Arbeit stehen dabei ‚klassische' Simmel-Themen wie das Geheimnis, die Dankbarkeit und die Gabe sowie die verschiedenen Erscheinungsformen der ‚Fremdheit', denen Moebius völlig neue Interpretationsmöglichkeiten eröffnet.

Christian Papilloud und Cécile Rol (Hrsg.), Mélanges. Otthein Rammstedt zum 65. Geburtstag, Bielefeld 2003 (= Simmel Studies, Jahrgang 13, Heft 1).

Dieser Sonderband der seit 1991 erscheinenden „Simmel Studies" ist dem 65. Geburtstag von Otthein Rammstedt gewidmet. Dem Charakter einer Festschrift entsprechend werden in den einzelnen Beiträgen höchst unterschiedliche Themen behandelt. An ihr haben sich neben dem Herausgeberpaar unter anderem Raymond Boudon, Gregor Fitzi, Torge Karsruhen, Rüdiger Kramme, Volkhard Krech, Klaus Latzel, Klaus Lichtblau, Peter-Ulrich Merz-Benz, Natalia Canto i Milá, Guy Oakes, Freddy Raphael, Gert Schmidt, Arnold Simmel, Bernd Stiegler und Patrick Watier beteiligt. Rammstedts langjährige Bielefelder Sekretärin Inge Schubert und Kurt H. Wolff sind in Form zweier Briefe an Rammstedt in dieser Festschrift vertreten. Ferner werden im Anhang Rammstedts wissenschaftliche

Arbeiten aufgelistet, die bis zu seinem 65. Geburtstag erschienen sind, sowie die unter seiner Leitung durchgeführten Drittmittel-Projekte und die von ihm betreuten Bielefelder Promotionen.

Otthein Rammstedt (Hrsg.), Georg Simmels Philosophie des Geldes. Aufsätze und Materialien. Unter Mitwirkung von Christian Papilloud, Natàlia Cantó i Milà und Cécile Rol. Frankfurt am Main 2003.

Dieser Band stellt eine instruktive Einführung in Simmels „Philosophie des Geldes" dar. Neben Aufsätzen, die der theoretischen Besonderheit und den Grundbegriffen dieses philosophischen Hauptwerkes von Simmel gewidmet sind, wird dessen Bedeutung für die modernen Wirtschafts- und Sozialwissenschaften dargestellt. Darüber hinaus sind in diesem Band die Besprechungen der „Philosophie des Geldes" von Gustav Schmoller, George Herbert Mead und Camillo Supino aufgenommen worden. Ferner enthält er eine Bibliographie, in der zum einen die deutschsprachigen Ausgaben und Übersetzungen dieses bahnbrechenden Werkes aufgeführt sind, und zum anderen einen Überblick über die umfangreiche Sekundärliteratur, die bis Anfang 2000 erschienen ist.

Cécile Rol und Christian Papilloud (Hrsg.), Soziologie als Möglichkeit. 100 Jahre Georg Simmels Untersuchungen über die Formen der Vergesellschaftung. Wiesbaden 2009.

In diesem Band, der anlässlich des hundertjährigen Geburtstages von Simmels großer „Soziologie" erschienen ist, wird das thematische Spektrum seines soziologischen Gesamtwerkes umfassend behandelt. Neben der von Otthein Rammstedt verfassten Einleitung werden die zahlreichen Einzelbeiträge in Form der Themenblöcke „Das Auge des Soziologen", „Das Individuum und die Gesellschaft" sowie „Angewandt Soziologie" geordnet. Hervorzuheben ist insbesondere der Beitrag von Cécile Rol über die komplexe Gründungsgeschichte der „Deutschen Gesellschaft für Soziologie", wobei das spannungsreiche Verhältnis zu entsprechenden Versuchen einer Institutionalisierung der soziologischen Forschung auf internationaler Ebene, wie sie von René Worms betrieben worden ist, im Mittelpunkt steht.

Klaus Lichtblau, die Eigenart der kultur- und sozialwissenschaftlichen Begriffsbildung. Wiesbaden 2011.

In dieser Aufsatzsammlung wird zum einen die Bedeutung der Nietzsche-Rezeption für Simmels Werk dargestellt. Ferner werden die kulturtheoretischen Implikationen von „Simmels „Philosophie des Geldes" verdeutlicht. Simmels Beitrag zur modernen Religionsphilosophie und Religionssoziologie wird anhand eines Vergleiches mit dem Werk von Ernst Troeltsch gewürdigt, während das spannungsreiche Verhältnis zwischen Kunst und Religion in Form eines Vergleiches zwischen den entsprechenden Ausführungen von Georg Simmel und Max Weber zur Sprache kommt. Überdies werden die völlig verschiedenen soziologischen Gesamtkonzeptionen von Simmel und Max Weber einander gegenübergestellt.

Hartmann Tyrell, Otthein Rammstedt und Ingo Meyer (Hrsg.), Georg Simmels große „Soziologie". Eine kritische Sichtung nach hundert Jahren. Bielefeld 2011.

Auch dieser Sammelband ist dem hundertjährigen Erscheinen von Simmels ‚großer Soziologie' gewidmet. Hartmann Tyrell und Otthein Rammstedt beleuchten Simmels soziologisches Werk dabei aus unterschiedlichen Perspektiven. Während Tyrell sich in seinem luziden Beitrag der Entstehung und Eigenart von Simmels soziologischem Hauptwerk widmet, geht Rammstedt auf die werkgeschichtliche Besonderheit von Simmels ‚kleiner Soziologie' ein, die 1917 als Gelegenheitsschrift erschienen ist. Im vorliegenden Sammelband sind unter anderem lesenswerte Aufsätze von Kurt Röttgers, Uta Gerhardt, Jörg Bergmann, André Kieserling, Andreas Ziemann, Tobias Werron, Urs Stäheli, Austin Harrington, Ingo Meyer und Alois Hahn enthalten. Ferner ist Guenther Roth mit einem informativen Beitrag zu einigen biographischen Aspekten der nordamerikanischen Simmel-Rezeption in diesem verdienstvollen Band vertreten.

Annika Schlitte, Die Macht des Geldes und die Symbolik der Kultur. Georg Simmels ‚Philosophie des Geldes'. München 2012.

In dieser Bochumer Dissertation wird die Rolle des ‚Symbolischen' in Simmels Werk untersucht, wobei seiner „Philosophie des Geldes" eine besondere Bedeutung zukommt. Diese wird in der vorliegenden Arbeit als eine ‚Philosophie des Symbols' beziehungsweise als eine ‚Symbolphilosophie' begriffen. Jedoch versteht Schlitte nicht nur dieses philosophische Hauptwerk Simmels, sondern seine gesamte Denkweise als ‚symbolisch', was ihre allgemeine kulturwissenschaftliche Bedeutung unterstreiche. Die vorliegende Arbeit besticht sowohl durch ihre umfassende ideengeschichtliche Untersuchung der Herkunft und Entwicklung des modernen Symbolbegriffes als auch durch dessen Anwendungsbreite bei der Analyse von Simmels gesamtem Werk.

Claudius Härpfer, Georg Simmel und die Entstehung der Soziologie in Deutschland. Eine netzwerksoziologische Studie. Wiesbaden 2014.

In dieser Frankfurter Dissertation wird der Versuch unternommen, Simmels Grundlegung der Formalen Soziologie in Gestalt einer ‚soziologischen Soziologiegeschichte' darzustellen. Simmels Nähe zur modernen Netzwerk-Forschung ist einer der Gründe, warum in der vorliegenden Arbeit seine einzigartige Position innerhalb der deutschsprachigen Soziologie um 1900 unter anderem mit den Mitteln der Bibliometrie und der Netzwerk-Forschung analysiert wird. Dabei wird zum einen Simmels publizistische Tätigkeit akribisch nachgezeichnet. Zum anderen wird Simmels Nähe und Ferne zu den mit den Namen von Moritz Lazarus und Heymann Steinthal, Wilhelm Dilthey und Gustav Schmoller sowie Max Weber verbundenen sozialen Netzwerken und Fachzeitschriften verdeutlicht.

Klaus Lichtblau, Zwischen Klassik und Moderne. Die Modernität der klassischen deutschen Soziologie. Wiesbaden 2017.

In dieser Aufsatzsammlung wird die Bedeutung von Simmels Werk für die deutschsprachige Tradition der Soziologie zum einen in Form eines Vergleichs mit den entsprechenden Werken von Ferdinand Tönnies, Franz Oppenheimer und Max Weber gewürdigt. Zum anderen wird Simmels Rolle bei der Entstehung des literarischen Genres einer ‚soziologischen Zeitdiagnose' hervorgehoben und mit den entsprechenden Bemühungen von Karl Mannheim verglichen. Darüber hinaus werden Simmels Stellung innerhalb der Tradition der ‚Verstehenden Soziologie', sein Beitrag zur soziologischen Ästhetik sowie die Logik der Weltbildanalyse in seiner „Philosophie des Geldes" erörtert.

Zeittafel

1858
Georg Simmel wird am 1. März als jüngstes von sieben Kindern, einem Bruder und fünf Schwestern, eines Ehepaares jüdischer Abstammung in Berlin geboren und evangelisch getauft.

1874
Tod des Vaters, der sich unter anderem als Gründer der Schokoladenfabrik *Felix und Sarotti* kaufmännisch betätigt hat; Julius Friedländer, ein Freund der Familie, Inhaber des Musikverlages Peters und Begründer der *Edition Peters*, wird Simmels Vormund und unterstützt später als Adoptivvater dessen akademische Laufbahn.

1876
Abitur am Friedrich-Werderschen-Gymnasium in Berlin und Beginn des Studiums an der Berliner Universität in den Fächern Geschichte, Ethnologie, Völkerpsychologie, Philosophie und Kunstgeschichte bei Johann Gustav Droysen, Theodor Mommsen, Heinrich von Sybel, Heinrich Treitschke, Adolf Bastian, Moritz Lazarus, Heymann Steinthal, Eduard Zeller, Adolf Lasson, Friedrich Harms, Max Jordan und Herman Grimm.

1880–1881
Eröffnung des Promotionsverfahrens bei Eduard Zeller und Hermann Helmholtz mit einer Arbeit über „Psychologisch-ethnographische Studien über die Anfänge der Musik", die 1882 als Aufsatz erschienen ist. Als Dissertation wird jedoch seine gekrönte Preisschrift *Das Wesen der Materie nach Kants Physischer Monadologie* angenommen, mit der Simmel am 25. Februar 1881 zum Doktor der Philosophie mit dem Prädikat ‚cum laude' promoviert wird.

1883
Zulassung zur Habilitation mit einer Arbeit über Kants Lehre von Raum und Zeit.

1885
Abschluss des Habilitationsverfahrens mit einer öffentlichen Antrittsvorlesung unter dem Titel „Über das Verhältnis des ethischen Ideals zu dem logischen und dem ästhetischen".

1889
Simmels Adoptivvater Julius Friedländer stirbt im Dezember an Grippe und hinterlässt Simmel den größten Teil seines noch verbliebenen Vermögens.

1890
Über *sociale Differenzierung. Sociologische und psychologische Untersuchungen*; am 11. Juli heiratet Simmel die Kunstmalerin Gertrud Kinel, die später gemeinsam mit ihm im Hause des Berliner Künstlerehepaares Reinhold und Sabine Lepsius sowie im Kreis um Stefan George verkehrt und unter dem Pseudonym Marie-Luise Enckendorff als Schriftstellerin bekannt wird.

1891
Geburt des Sohnes Hans am 6. April; dieser wird später außerordentlicher Professor für Medizin an der Universität Jena und kann nach seiner Internierung im Konzentrationslager Dachau 1939 in die Vereinigten Staaten emigrieren, wo er im August 1943 an den Folgen seiner Dachauer Internierung stirbt.

1892
Die Probleme der Geschichtsphilosophie. Eine erkenntnistheoretische Studie.

1892–1893
Einleitung in die Moralwissenschaft. Eine Kritik der ethischen Grundbegriffe.

1898
Antrag der Philosophischen Fakultät der Universität Berlin auf Ernennung Simmels zum Extraordinarius, der jedoch zunächst abgelehnt wird.

1900
Philosophie des Geldes; einem erneuten Ernennungsantrag der Fakultät an das Ministerium wird nun stattgegeben.

1904
Kant. 16 Vorlesungen, gehalten an der Berliner Universität.

1906
Kant und Goethe.

1907
Schopenhauer und Nietzsche; Geburt von Georg Simmels und Gertrud Kantorowicz' unehelicher Tochter Angela, die später nach Palästina auswandert und dort Anfang 1944 an den Folgen eines Unfalles stirbt.

1908
Soziologie. Untersuchungen über die Formen der Vergesellschaftung; in Heidelberg scheitert eine Berufung Simmels auf die später an Ernst Troeltsch vergebene zweite Professur für Philosophie trotz der Empfehlungen von Eberhard Gothein und Max Weber.

1909
Simmel beteiligt sich zusammen mit Ferdinand Tönnies, Werner Sombart und Max Weber an der Gründung der *Deutschen Gesellschaft für Soziologie.*

1910
Hauptprobleme der Philosophie; Simmel hält während der ersten Tagung der Deutschen Gesellschaft für Soziologie in Frankfurt am Main am Begrüßungsabend einen Vortrag über die „Soziologie der Geselligkeit"; er beteiligt sich ferner maßgeblich bei der Gründung der kulturphilosophischen Zeitschrift *Logos,* deren Herausgeberkreis er bis zu seinem Tod angehört.

1911
Philosophische Kultur; Simmel erhält einen Ehrendoktortitel der Staatswissenschaften an der Universität Freiburg.

1914
Berufung an die Kaiser-Wilhelm-Universität Straßburg auf einen Lehrstuhl für Philosophie und Pädagogik.

1917
Grundfragen der Soziologie; Der Krieg und die geistigen Entscheidungen

1918
Simmel stirbt am 26. September in Straßburg an Leberkrebs, nachdem er sein philosophisches Alterswerk *Lebensanschauung. Vier metaphysische Kapitel* fertiggestellt hat.

The manufacturer's authorised representative in the EU is Springer Nature Customer Service Centre GmbH, Europaplatz 3, 69115 Heidelberg, Germany. If you have any concerns regarding our products, please contact ProductSafety@springernature.com

Printed and bound by CPI Group (UK) Ltd, Croydon, CR0 4YY

23/03/2026

02076462-0008